Ferenc Herzig
Konstantin Sacher
Christoph Wiesinger
(Hrsg.)

KIRCHE DER ZUKUNFT ZUKUNFT DER KIRCHE

23 junge Pfarrerinnen und Pfarrer erzählen

INHALT

ZUKUNFT DER KIRCHE – KIRCHE DER ZUKUNFT

»Ob es besser wird, wenn es anders wird, weiß ich nicht. Dass es anders werden muss, wenn es besser werden soll, ist gewiss.«

Georg Christoph Lichtenberg

Kirche ist uns wichtig. Das steht fest. Und Kirche verändert sich immer und muss sich verändern. Das steht auch fest. Aber was bedeutet das für die Kirche der Gegenwart? Was muss sich vielleicht sogar grundlegend ändern, da Kirche uns wichtig ist?

Wir wissen keine Antwort und denken, dass diese Frage am besten in den Händen derjenigen aufgehoben ist, die diese Veränderungen, zwar nicht allein, aber maßgeblich gestalten werden: junge Pfarrerinnen und Pfarrer.

Die Arbeitsbedingungen haben sich bisher verändert und werden sich weiter verändern. Doch ist es genug, Verwaltungsreformen durchzuführen? Reicht es zu sagen, wir müssen uns auf unseren Kern, die Arbeit mit den Gläubigen vor Ort besinnen? Wir brauchen weniger Verwaltungsaufwand. Reicht das? Ein bisschen mehr E-Piano, und das wird es richten? Oder muss die Veränderung viel tiefgreifender, ja revolutionärer sein?

Reicht es zu sagen: Das, was die Menschen von uns erwarten, nämlich Gottesdienste, Seelsorge, Hausbesuche, das tun wir gut und machen es weiterhin so – oder muss sich einfach alles ändern?

Natürlich hat keine und keiner ein Patentrezept. Das kann uns aber nicht davon abhalten zu träumen, mit Gedanken zu experimentieren, mutige oder gar freche Ideen in die Welt zu setzen.

Dafür haben wir je eine Pfarrerin oder einen Pfarrer aus jeder Landeskirche und aus Österreich und der Schweiz gebeten, einen Text zu schreiben. Von den Küsten im Norden bis zu den Alpen im Süden, von den Ballungsräumen im Westen bis zu den Wüsten im Osten versammelt dieses Buch Projekte und Ideen, Berichte von Erfolgen und vom Scheitern, von Hoffnungen und Sehnsüchten, von Ängsten und Träumen.

Wir danken den Autorinnen und Autoren für ihren Mut, Einblicke in ihre Gedankenwelt zu geben. Es mag angemerkt sein, dass dies nicht selbstverständlich ist. Wir haben bei der Erstellung dieses Buches die Erfahrung machen müssen, dass gerade in den ersten Jahren im Pfarramt viele unter einem Anpassungsdruck stehen, der es ihnen unmöglich gemacht hat, sich mit ihren Ideen öffentlich zu äußern. Die versammelten Texte zeigen jedoch: Kirche der Zukunft beginnt bei uns und heute mit unseren Aufbrüchen, die wir wagen, Ideen, die sich bewähren und Visionen, die tragen. Kirche der Zukunft beginnt mit dem Glauben, der im Mut anhebt und es wagt, das Morgen im Horizont der Verheißung Gottes zu sehen.

Die Herausgeber
Ferenc Herzig, Konstantin Sacher und Christoph Wiesinger

THIS IS MY UTOPIA

Charlotte Eisenberg

Die deutsche weiße Mittelschichtskirche, diese Stammeskirche, gibt es nicht mehr.

In meiner Utopie ist Kirche ein Treffpunkt für Menschen, die Gott suchen und ihn feiern wollen. Natürlich ist sie das, das soll sie sein, zu allen Zeiten und an allen Orten. Nicht soll sie jedoch ein Ort sein, wo nur die Wohlhabenden, die Gesetzten und nur die über 60 zu Hause sind. Wo die Fähigkeit hochgeschätzt wird, Stücke von Bach und Mozart – natürlich auf der Orgel gespielt – auseinanderhalten zu können. Sondern wo diejenigen sich treffen, die sich nach Gottes Gegenwart sehnen, aus allen Schichten, allen Alters, jeglicher Hautfarbe, jeden Geschlechtes. Egal, welchen Namen sie Gott geben: das Transzendente, der Schöpfer, die Dreieine oder einfach »Mehr«.

In meiner Utopie ist Kirche Musik. Hier kommen alle Instrumente zum Klingen und jegliche Melodie ist willkommen. Von Orgel bis Schlagzeug, von *Paul Gerhard* bis *Beyoncé*. Hier werden nicht Millionen für den Erhalt des Vergangen ausgegeben und das Alte mit Macht am Leben erhalten. In meiner Utopie ist Kirche ein Ort der Vielfalt und des Experiments. Denn hier geht es darum, Gott zu erfahren. Doch Gott ist nicht im Alten. Er ist auch nicht im Neuen. Er ist in den Menschen – in ihrer Vielfalt und Buntheit. Denn Kirche bleibt nur lebendig, wenn die Herren und Damen in ihrer Mitte Platz machen für die, die sonst am Rand stehen: die Kinder, die Fremden, die Freaks. Diejenigen, mit denen Jesus nach Hause gegangen wäre, um mit ihnen das Brot zu teilen und über Gottes Liebe und Gerechtigkeit zu reden. Und nicht über *Bachs* kleine Fuge in g-Moll.

In meiner Utopie ist Kirche ein Gegenüber und keine Partnerin des Staates. Kirchensteuer kennt man hier nicht. Stattdessen gibt jede und jeder das, was möglich ist. Hier ist wenig Geld zu finden, denn Staatskirchenverträge und Beamtenrecht sind abgeschafft. Auch Staatsleistungen sucht man vergebens, denn die jahrhundertealten Vereinbarungen wurden aufgekündigt. In meiner Utopie ist Kirche kein Ort der Privilegien und der Privilegierten. Sondern ein Ort, wo die Prophetin zu Hause ist, die von der Welt geächtet wird. Und die nicht mit der Ministerin spricht, um einen Kompromiss zu finden, sondern um ihr von Gottes Gerechtigkeit und Frieden zu erzählen. Von der radikalen Botschaft des Reiches Gottes, für die es keine politischen Hände zu schütteln gilt, sondern Tische umzuwerfen. Und wenn nötig, auch in den Tod zu gehen, wie es einer schon vor 2000 Jahren tat. In dieser Kirche ist die Armut zu Hause. Denn sie steht in der Nachfolge eines Wanderpredigers, der keine andere Heimat hatte als Gott.

In meiner Utopie ist Kirche ein Kind des Geistes. Und nicht des Papiers und der Bürokratie. Nicht das Mitgliedschaftsverzeichnis und auch nicht das Taufregister zeigen an, wer dazugehört und wer nicht. Denn die Taufe ist Geschenk und Gabe Gottes. Wie könnte sie dann Bedingung sein? Nein, keine Bedingung ist sie, sondern Ausdruck von Sehnsucht. So ist es auch nicht wichtig, wann und wie oft jemand kommt. Erst recht sind es nicht zwei Buchstaben auf dem Lohnsteuerzettel, die entscheiden, wer dazugehört. In meiner Utopie geht es um ein Suchen, ein Streben nach dem, was uns heil und ganz macht. Und das ist durch kein Formular, kein Gesetz, keine Besuchsfrequenz abzubilden. Deswegen wird hier auch nicht diejenige Pfarrerin, deren Partner*in das richtige Geschlecht und die rechte Religion hat. Sondern diejenige, die die Menschen mitnehmen kann auf ihrer Reise zum Heiligen.

In meiner Utopie ist Kirche eine Hütte und kein Palast. Hier verkünden nicht Gold und Marmor Gott. Hier maßt sich nicht menschlicher Größenwahn an, Gottes Wunder nachzuahmen. Wer sind wir, dass wir meinen, Gott in Stein abbilden zu können? In meiner Utopie wird das Heilige nicht durch Denkmalschutz und Tradition zugemauert. Hier wird Kirche heilig durch das, was in ihr geschieht: das mutige Offenlegen von Wunden, das schützende Umarmen der Schwachen, das leise Weinen, das laute Lachen, das wilde Tanzen und das wütende Brüllen. In meiner Utopie gibt es die Stille der Wüste. Es gibt den Lärm des Marktplatzes und die Ekstase des Festes. Was es nicht gibt, ist eine sonntägliche Pflicht zum Gottesdienst. Weder für die eine noch für alle. Der Dienst an Gott, Gottes Dienst an uns, findet statt, wo, wann und wie er gebraucht wird. Er lässt sich nicht einhegen und verordnen. Und er zeigt sich nicht in Form eines Geheimbundes, wo nur die Eingeweihten die rechten Worte und die erwünschten Gesten kennen. Jeder und jede wird willkommen geheißen und mitgenommen. Nicht die agendarischen Formen I und II sind hier vorgeschrieben, sondern das Ermöglichen von göttlicher Erfahrung. In Herz und Verstand, in Leib und Seele.

In meiner Utopie ist Kirche ein schöner Ort. Wo wir nebeneinander und miteinander sitzen, auf bequemen – vielleicht etwas schäbigen – Stühlen, die leise flüstern: »Es ist gut, dass du hier bist. Bleib doch noch etwas länger. Sieh dich um, fühl dich zu Hause, denn Gott will dich bergen, dich ermutigen, dich stärken.« Hier kennt man keine harten, unbequemen Bänke, keine düsteren Ecken und furchteinflößenden Bilder, die einem schon beim Hineingehen zurufen: »Hier ist es nicht schön. Geh lieber wieder nach Hause, denn eigentlich wollen wir dich hier nicht.« Diese Kirche ist zwar keine Wellness-Oase, denn Gottes Wort ist nicht nur leise und sanft, sondern manchmal auch laut, wütend und unbequem. Aber hier werden wir wahrgenommen mit unserem Körper und unseren Sinnen. Hier werden wir Sünderinnen befreit, beflügelt, ermächtigt. Hin zu Gott, hin zueinander. Hier wird Gottes radikale Gerechtigkeit und Vergebung mit Händen greifbar, mit Ohren hörbar, mit Augen sehbar.

In meiner Utopie ist Kirche eine Heimat für Kinder und Jugendliche. Zeit in und mit der Kirche zu verbringen ist für sie schön, spannend, wertvoll. Hier geben nicht die Alten vor, wer etwas wie und wo darf. Stattdessen gibt es hier ganz viel Raum, Kirche zu erkunden, den eigenen Glauben zu stärken und Spiritualität zu erproben. Kirche ist für junge Menschen ein Ort, wo sie bedingungslose Liebe und erlösende Freiheit erfahren. Wo sie lernen, dass ihr Wert von nichts und niemandem auf der Welt abhängt, denn ihre Namen sind in Gottes Hand gezeichnet. Die alten vergilbten Unterschriftenkarten der Konfis verstauben auf dem Dachboden: Gottesdienst als Zwang – eine Idee in Schwarzweiß. Kaum zu glauben, dass es das mal gab! Gottesdienste, Freizeiten und Konfistunden verpassen will hier niemand, denn es geht ja um sie: um ihre Fragen, ihren Glauben, ihre Kirche. Und um den, der einmal sagte: Lasst die Kinder zu mir kommen, denn ihnen gehört das Reich Gottes.

In meiner Utopie ist Kirche keine Landeskirche. Die alten Fürstentümer sind abgeschafft, genauso wie die Grenzen entlang kryptischer Linien, die sich in Begriffen wie Presbyterium und Propstei, in Beffchen und Halskrause ausdrücken. An Nordsee und in den Alpen findet man sie, die Gemeinden, die sich als Glieder der einen Gemeinschaft verstehen, die sich nicht durch Gesetze und Verwaltungen und schon gar nicht durch längst untergegangene Ländergrenzen teilen lässt. Verschiedene Eigenheiten und Perspektiven bestehen, doch sind diese keine Trennungsgründe. Sie sind Ausdruck von Gottes bunter Schöpfung in der einen Kirche. Theologische Bekenntnisse und Erkenntnisse können hier nebeneinanderstehen, denn in ihrer Gesamtheit erlauben sie uns, Gottes unbegreiflicher Wahrheit etwas näherzukommen. Deswegen gibt es keine Mauern mehr, sondern nur noch durchlässige Membranen miteinander verbundener Zellen, durch die steter Austausch die Grundbedingung für ein gesundes Wachsen ist. Nur so bleibt Raum für Gottes überraschendes Handeln, denn der Geist der Ordnungen und Ordner wurde verbannt.

In meiner Utopie ist Kirche gegenwärtig. Sie hat keine Angst vor den Medien der Zeit, verharrt nicht auf alten

Wegen aus Angst vor dem Neuen, aus Bequemlichkeit, aus Arroganz. Sie orientiert sich in ihrer Verkündigung an der Art, wie die Menschen um sie herum kommunizieren. Sie verkauft sich aber auch nicht, versteht sich nicht als Marke und orientiert sich nicht an Leistung, wie sie der Markt kennt. Denn hier geht es nicht um ein Produkt, sondern um Gottes Wort vom Reich Gottes. Aber sie kommuniziert so, dass Menschen sie wahrnehmen, sie hören und sehen. Sie spricht in einer Sprache und an Orten, dass Menschen sie verstehen können. Sie verwendet keine Phrasen, kein »wir dürfen« und kein »lasst uns«. Sie spricht auch nicht in hoher Sprache, die keiner versteht. Und sie biedert sich nicht an. Denn sie ist schon da, wo die Menschen sind. Was ist Kirche anderes als die Menschen, die darin sind? Deswegen kommen hier auch genau diese Menschen zu Wort. In meiner Utopie spricht nicht die Kirche zu den Menschen, sondern die Menschen der Kirche sprechen miteinander. Sie tauschen sich aus, sie hören einander zu, sie essen und tanzen miteinander und sie schweigen gemeinsam. So, dass Gottes Wort sich Bahn bricht.

In meiner Utopie ist Kirche der Leib Christi. Hier hat keiner Macht über den anderen. Pfarrerin und Gemeindeglied, Alt und Jung, Verwalterin und Arbeiter im Weinberg, Weiße und Schwarze, Bischöfin und Pfarrer, Hetero und Queer, Mann und Frau – sie alle wissen: Wenn einer leidet, leidet der ganze Körper. »Einer trage des anderen Last.« Eine solche Gemeinschaft kennt keine Machtpose, und Schwäche zeigen zu können gilt allen als die wahre Stärke. Die alten Machtspiele und Hierarchien wurden längst durchschaut, egal wie informell und subtil sie waren. Gerechtigkeit und Frieden feiern hier täglich den Christopher Street Day, denn nie wieder lassen sie sich das Küssen verbieten. Die Rudel der alten weißen Männer, die vormals hinter Bürotischen regierten, haben ihre Zepter niedergelegt. Nun tun sie alles, um den bisher Übertönten Gehör zu verschaffen. Sie haben erkannt: Das ist der wahre Dienst an Christus. Denn wie die Kirche sich Christus unterordnet, so ordnen sich nun die Mächtigen den Schwachen unter. Und geben damit Gott einen guten Grund, vor Freude laut zu lachen.

Dies ist meine Utopie. Meine Utopie von Gottes Kirche auf Erden. Hier und heute.

FROHE ZUKUNFT SILBERHÖHE

Hans Martin Golz

Verfall und Verlust

Ich bin in einem Bundesland geboren, das beim Aufzählen der Bundesländer gern einmal vergessen wird. Ein Bundesland, in dem die Frühaufsteher zuhause sind, weil sie zur Arbeit erst einmal nach Niedersachsen fahren müssen. Seit 2018 bin ich hier auch Pfarrer – in Sachsen-Anhalt. Pfarrer in der Evangelischen Kirche in Mitteldeutschland (EKM). Pfarrer im Süden von Halle an der Saale. Eine Stadt, deren größter Vorteil in den Augen vieler zu sein scheint, dass man schnell nach Leipzig kann. Mein Gemeindegebiet ist geprägt von Verlust und Verfall. Dafür steht ein Name: die Silberhöhe. Glänzen – wie der Name es verspricht – tut hier aber nichts. Und es sind auch eher die Tiefen als die Höhen, die die Menschen hier im Plattenbau erleben. Und doch ist die

Silberhöhe Spitzenreiter in vielen Statistiken: die meisten Sozialhilfeempfänger, Teenie-Mütter, Kinder mit Förderbedarf und Drogenabhängige sammeln sich in diesem Stadtteil, der seit dem Mauerfall ca. zwei Drittel seiner Bewohner verloren hat. Die Geografen sprechen von Segregation. Manch einer sagt: »In der Silberhöhe leben all die, die den Absprung nicht geschafft haben.« Neben der Silberhöhe liegt Ammendorf. Ein stolzer Ort mit Tradition. Und weit bekannt als Zentrum für Waggonbau. Leider ist dies auch nur noch Geschichte. Die Hallen stehen leer und mit ihnen verfällt der Stadtteil. Hab ich noch was vergessen? Ach ja, es ist natürlich nicht alles schlecht hier. Zum Beispiel gibt es ja auch die herrliche Elsteraue. Ein wunderschönes Naturschutzgebiet, das zum Spazieren einlädt. Viele kleine Seen und Flussarme verzweigen sich hier zu einem wunderschönen grünen Fleckchen Erde. Das Einzige, was den Frieden etwas stört, ist die neue ICE-Trasse, die direkt durch die Aue gezogen wurde, und das Kohlekraftwerk, das selbst bei blauem Himmel eine riesige Wolke hinterlässt. Ich verspreche, düsterer wird es jetzt nicht mehr. Aber ich schreibe diese Zeilen, weil sie in meinen Augen etwas widerspiegeln, wofür ich meine Heimat Sachsen-Anhalt und auch meine Landeskirche mag.

Aus Scheiße Gold machen

Die Probleme sind hier auf dem Tisch. Wir haben in den letzten Jahren viele Veränderungen erleben müssen, die mancherorts in Deutschland erst noch kommen werden. Aber man hat sich hier nicht aufgegeben. Täglich erlebe ich, wie die Menschen in diesen trostlosen

Umständen ihr Leben meistern, wie sie sich teilweise ins Leben zurückkämpfen und wie sie – das hört man hier sehr oft – »aus Scheiße Gold machen.« Galanter formuliert, hat man Demut lernen müssen. Man war und bleibt gefordert, sich auf die eigenen Kräfte zu besinnen. Und wenn man dann genauer hinschaut, dann kann man vieles entdecken, was innerhalb dieses Verfalls von Zukunft kündet.

Demut und Vertrauen auf die eigene Stärke. Das kann ich als Pfarrer, der hier in einem schicken Gemeindezentrum am Rande der Silberhöhe wohnt und immer pünktlich sein Gehalt überwiesen bekommt, von den Menschen um mich herum lernen. Und ich frage mich tatsächlich, warum kaum einer aus der »Platte« hier bei mir ist in diesem riesigen Begegnungszentrum, das doch extra für die Menschen dieses Viertels gebaut worden ist. Was ist hier und in unseren Kirchen passiert, dass diese Leute nicht Teil unserer Gemeinden sind, sie sich nicht eingeladen oder sogar ausgegrenzt fühlen? Ich schreibe an dieser Stelle ganz bewusst nichts von der DDR-Sozialisation der Menschen und der oft beschworenen Entkirchlichung. Ich erlebe eher ein anderes Phänomen, das mir für die Ausrichtung einer Kirche für die Zukunft wichtiger erscheint.

Scham und Zuständigkeit

In den ersten Tagen meines Pfarrdienstes rief mich eine Frau an und bat mich, ihre Mutter zu beerdigen. Sie selbst war kein Kirchenmitglied. Die Mutter war getauft. Von dem Telefonat haben sich zwei Sätze bei mir eingebrannt, die mich nicht mehr loslassen. Sie sagte:

»Sie sind ja nicht für mich zuständig, aber es wäre mir wichtig. Ich würde mich auch großzügig zeigen.«

Die Frau hatte ein Bedürfnis nach Halt, sie sehnte sich nach Trost. Ihr fiel die Kirche ein. Beschämt ruft sie an, in dem Glauben, den Pfarrer zu belästigen. »Vielleicht macht er es, wenn ich ihm Geld gebe?«, denkt sie sich. Immer wieder nehme ich wahr, dass Menschen in meinem Lebensumfeld das Gefühl haben, Kirche wäre nicht für sie da. Das kann auf der einen Seite an unserem Handeln als Kirche liegen, auf der anderen Seite an einer Art Selbstbeschämung der Menschen, da sie lediglich in Notsituationen auf die Idee kommen, die Kirche oder die PfarrerIn zu kontaktieren. Die Gründe sind sicher vielschichtig, aber das Ergebnis ist entscheidend. Kirchgemeinde erscheint in vielen Fällen als abgeschlossenes System. Und zu dieser Geschichte gehört auch, dass die Frau am Telefon eben aus der oben beschriebenen Silberhöhe anrief.

Perlen vor die Säue

Ich habe ziemlich schnell gemerkt, dass für mich Gemeinde nicht nur die sind, die auch Gemeindemitglieder sind. Und bei den sinkenden Zahlen unserer Gemeinden finde ich es reichlich nachvollziehbar, eben die in den Blick zu nehmen, die nicht »dazugehören«. Letztlich steht uns als Gemeinde mit knapp 1000 Mitgliedern eine riesige Anzahl von Menschen gegenüber, mit der wir tagtäglich leben, aber die wir durch unsere Angebote, Sprache und Milieuunterschiede nie erreichen. Deswegen reicht es in meinen Augen nicht, einfach immer nur von kirchlicher Seite zu betonen, dass unsere Türen ja offen sind, sondern wir müssen selbst rausgehen – und was, glaube ich, noch viel wichtiger ist: Wir müssen unsere Schwellen besonders bei den Kasualien herabsetzen. Ich bin als Pfarrer angetreten, weil ich mit den Menschen leben will, weil ich das Leben mit ihnen teilen will. Ich will Trost spenden und mit ihnen feiern. Ich will von dem erzählen, was mir selbst täglich Kraft gibt. Und ich glaube, dass unsere Tradition und Rituale für dieses Vorhaben einen riesigen Schatz bieten. Aber wenn ich diesen Schatz nur den Menschen anbieten darf, die auch Kirchensteuer bezahlen, habe ich reichlich wenig zu tun. Ich habe die Entscheidung getroffen, nichts von dem, was ich als Pfarrer anbieten kann, nur für Gemeindeglieder zurückzuhalten. Zwei Beispiele: Mit den Bestattungsunternehmen in meinem Gemeindegebiet ist abgesprochen, dass ich für jede Bestattung als Redner angefragt werden kann. Und in einer leer stehenden, sehr romantisch gelegenen Kirche entwickeln wir als Gemeinde gerade ein Konzept für eine Hochzeitskirche, die offensiv dafür wirbt, kirchliche Trauungen für Konfessionslose anzubieten.

Und mittendrin der Bauwagen

Die EKM schafft seit 2014 durch das Projekt »Erprobungsräume« Freiräume, in denen neue Formen von Kirche im säkularen Kontext erprobt werden sollen. Sie lassen sich noch stärker auf ihr Umfeld – besondere Orte, Menschengruppen, Herausforderungen – ein, als es herkömmlichen Gemeinden manchmal möglich ist. Sie leben bewusst Kirche mit Anderen. Deswegen sehen sie oft ganz anders aus. In unserem Fall haben wir mitten in der Silberhöhe einen

Bauwagen eröffnet und mit der Stadt Halle eine Patenschaft über die anliegenden Grünflächen abgeschlossen. Dieser Bauwagen und die Wiesen drum herum sollen Begegnungsort für die Menschen des Viertels werden. Neben wöchentlichen Angeboten für Kinder sollen hier monatlich kulturelle Veranstaltungen stattfinden und die Feiertage mit den Menschen begangen werden. Dabei achten wir aber darauf, dass wir nicht etwas Fertiges mitbringen, sondern dass dieser Ort durch die Menschen der Silberhöhe zu dem wird, was dabei entsteht. Wir wollen miteinander leben und nicht als die Helfer von außen auftreten. Wir wollen die Lebensleistung der Menschen würdigen und nicht abqualifizieren, indem wir vorgeben zu wissen, was richtig ist. Eigentlich alles völlig normal, aber eben doch auch eine Herausforderung. Eine der Voraussetzungen für einen Erprobungsraum ist die Suche nach alternativen Finanzierungsmodellen. In unserem Fall arbeiten wir eng mit der Stadtverwaltung zusammen und wir werden durch ein städtisches Wohnungsunternehmen finanziell unterstützt. Darüber hinaus versuchen wir, mit dem, was wir vorfinden und was uns begegnen wird, auszukommen.

Addition durch Subtraktion

Wenn ich meine hier beschriebenen Anliegen anspreche, kommen häufig direkt die Fragen nach der Finanzierbarkeit und der Mitgliedschaft auf. Manchmal wird mir auch der Vorwurf gemacht, dass ich Kirchensteuergelder verprasse, und dass ich mich lieber um meine Gemeindemitglieder kümmern sollte. Und mir ist tatsächlich bewusst, dass ich meine Arbeit gerade vor allem deswegen tun kann, weil ich in diesem System von Mitgliedschaft und Kirchensteuer agiere. Ich muss ganz ehrlich gestehen, dass ich keine durchdachten Konzepte vorweisen kann, wie wir künftig unsere Pfarrstellen und Arbeit finanzieren können. Und ich erlaube es mir auch in meiner jugendlichen Naivität, auf die Entscheider in den Landeskirchen zu vertrauen, dass sie das zu Ende denken mögen. Das bedeutet aber nicht, dass wir als Gemeinde blauäugig unser Geld zum Fenster herauswerfen. Wir bemühen uns um eine konsequente Reduktion unserer Strukturen und Liegenschaften. Wir konzentrieren unsere Arbeit auf ein Zentrum: Wir haben Häuser verkauft und für zwei unserer sechs Kirchen sind neue Nutzer gefunden, die in Zukunft auch einen Kauf der Gebäude erwägen. Das Spannende ist, dass diese Reduktion Kräfte freisetzt und neue Horizonte eröffnet. So ist zum Beispiel durch die Vermietung der Kirchengebäude an eine Eritreisch- und eine Rumänisch-Orthodoxe Gemeinde eine lebendige Ökumene entstanden. Wo ich sonst nur mit zwei Leuten Gottesdienst gefeiert habe, können wir jetzt gemeinsam beten und wieder Sommerfeste feiern. Das ist für manch einen, der seit Jahren den Niedergang seiner Gemeinde erlebt hat, Balsam auf die geschundene Seele. Wenn auch alles ganz anders ist als früher.

Teresas Traum

Zuletzt möchte ich in diesem Text damit ernst machen, was ich in meinem Pfarralltag immer wieder versuche. Ich bin nicht der, der das letzte Wort hat. Die Kirche der Zukunft ist eine Kirche, in der verschiedene Stimmen sprechen. Eine spricht mir ganz besonders aus der Seele:

»Ich träume eine Kirche, die sich versteht als Gemeinschaft von Menschen. Ja, ich brauche auch das Atmen und Erzählen unserer Gebäude. Ja, ich lebe auch aus den Strukturen, die sich die Institution geben musste, um sich zu erhalten. Aber Kirche sind für mich nur die Menschen, die sie bilden. So unterschiedlich, so fern der Traditionen oder so nah an ihrer Praxis. Nicht als Zahlen in Mitgliederstatistiken, sondern als Menschen, die Gott mehr oder weniger als Teil ihres Lebens verstehen. Und die ermutigt genug sind, davon zu sprechen.
Ich träume eine Kirche, die sich nicht selbst genug ist. Die realistisch sieht, dass die Tage ihrer selbstverständlichen gesellschaftlichen Bedeutung gezählt sind. Und die den Mantel dieser Macht fröhlich und auch mit einem erleichterten Seufzer ablegen kann. Die sich auf die Suche macht nach dem, was sie als Evangelium tatsächlich zu sagen hat. Zu feiern. Und zu dienen.
Ich träume eine Kirche, die nicht aufhört, hungrig zu sein. In der Menschen Veränderung predigen, denken, leben und wirken.
Ich träume eine Kirche, die sich der eigenen Vorläufigkeit bewusst ist. Die sich baut aus Steinen des Nicht-Wissens und des Vertrauens, der alten Geschichten vom Glauben und der Erfahrungen von Himmel, der Verluste und des Versagens. Und die all diese Steine gleichermaßen zeigt.
Ich wünsche mir eine Kirche, in der Menschen sichtbar ist, welchen Schatz sie da in den Händen halten: das Bewusstsein, sich nicht sich selbst verdanken zu müssen in dem, was sie sind und haben. Vergebung und Gnade. Ebenbildlichkeit, Gestaltungsvollmacht, Vernunft und zugleich kindliches Vertrauen, nicht alles verstehen zu können und zu müssen. Das, was sich eben Glaube nennt. Und Liebe.
Ich träume eine Kirche, die noch träumt. Mit offenen

Augen. Und Utopien entwirft. Was, wenn nicht eine große Utopie ist denn dieses Reich Gottes?
Ich träume eine Kirche, die viele Sprachen spricht. Und an vielen Ort wohnt.
Und sieht, was eben ist.
Ich träume eine Kirche, die nicht von Menschen wie mir abhängt. Nur ein ganz kleines bisschen.«

Teresa Tenbergen, Pfarrerin in Volkstedt und Helfta

INTO THE CRACK
ZUR TRANSFORMATIONSARBEIT, DIE VOR UNS LIEGT

Emilia Handke

In seinem Lobgesang besingt *Leonard Cohen* 1992 jenen verletzbaren Riss, der alles Lebendige durchzieht. Jener Riss sei das Einfallstor für das Licht: »There is a crack in everything, that's how the light gets in [...].« Es ist ein tiefes, unsere Psyche betreffendes Menschheitswissen, dass allen Brüchen transformatives Potenzial innewohnt. Auch hier in der Nordkirche ist dieser Riss durch einen Doppel-Code aus vier Zahlen symbolisiert: 2030/2060. Das bisherige kirchliche System der flächendeckenden Versorgung mit klassischen, hauptamtlich geleiteten gemeindlichen Angeboten wird sich auflösen, die kirchliche Membran wird an vielen Orten immer dünner und irgendwo wird sie reißen. Die Schlagworte kennen alle überall: weniger Glieder, weniger Geld, weniger Geistliche. Aber vielleicht – so wäre es wohl die Verheißung jenes Lobgesangs – werden die Glieder zu Gästen, fehlendes Geld und fehlende Geistliche zu einer anderen Verwendung der Gaben. Finsternis ist wie das Licht.

Ich selbst bin in diesem System religiös-kirchlich sozialisiert und darin irgendwie auch zur Pastorin geworden. Ich habe als Kind beim Gottesdienst im muffigen Gemeinderaum bei alten Frauen auf dem Schoß gesessen, den Kindergottesdienst, die Christenlehre und den Konfirmandenunterricht besucht. Ich habe in den Gemeinderäumen gebastelt, Fasching gefeiert und zum ersten Mal jene magischen Worte vernommen, unter die ich später mein Leben stellen wollte: »Kyrie eleison«, die verstörenden und tiefgreifenden Erzählungen der Genesis, den rhythmischen Murmelruf »Vater unser im Himmel …« und die unhinterfragten, alten Worte des ewigen Bekennens »Ich glaube an Gott, den Vater, den Allmächtigen, den Schöpfer des Himmels und der Erde […]«. Ich habe dort »Stille Nacht, heilige Nacht« singen gelernt, »Lobe den Herren« und »Such, wer da will, ein ander' Ziel, die Seligkeit zu finden […]«. Dieses System, das im dörflichen Mecklenburg meiner Kindheit mit einfachen Mitteln Ähnliches zu leisten vermochte wie in der Bundesrepublik, hat für mich alles getan, was notwendig war: Es hat mir Worte der ewigen Dimension des Lebens überliefert, aus denen ich leben kann. Die brüchige Membran hat gehalten – hat erfüllt, wozu sie gebildet war: (auch) mir das Evangelium zu kommunizieren.

Wenn die Kirche nicht dort im Dorf geblieben wäre und ich die christliche Religion somit nicht wie eine bittersüße Muttermilch hätte aufsaugen können, dann hätte ich vielleicht später zu ihr gefunden. Warten müssen, bis der absichernde Intellekt brüchig genug geworden ist, damit das Licht durch die Risse hereinfallen kann. *Wilfried Meißner* nennt das in seiner Dissertation zur Erwachsenentaufe die Bewusstwerdung von lebensgeschichtlichen Desintegrationserfahrungen, die zur Hinwendung zu Religion und Kirche führen: »There is a crack in everything, that's how the light gets in [...].« Aber: So finden – und fanden immer – wenige zu ihr.

Ich selbst arbeite momentan nicht im Gemeindepfarramt, sondern leite ein Werk, welches den programmatisch-metaphorischen Namen »Kirche im Dialog« trägt. In organisatorischer Hinsicht ist es ein Werk der Nordkirche, konzeptionell wohl aber eher deren Prinzip – welches sie vielerorts seit jeher verwirklicht und welches ihr zugleich immer auch vorausliegt. Kontextbezogenheit und -kommunikation ist für das Selbstverständnis der Kirche stets konstitutiv gewesen. Dieser Kontext aber erreicht immer weniger auf die Weise, wie er mich damals als Kind erreicht hat. Die religiös-kirchliche Sozialisation nimmt ab, die religiöse Lebensoption wird, sozialisationstheoretisch gesprochen, familiär immer weniger vorstrukturiert. Die Kirche wird darauf setzen müssen, offensiv eigene ergänzende Orte beseelter religiöser Bildung und Erziehung zu schaffen und zu pflegen: kirchliche Kindergärten und kirchliche Schulen – wohl in aller erster Linie dies. Sie wird sich offensiv auf das Radar der Menschen bringen, gewöhnliche genauso wie ungewöhnliche Berührungspunkte schaffen müssen. Ein Feld, über das ich schon seit langem nachdenke, sind dabei die Kasualien.

Während sich mindestens ein Drittel der Glieder schon jetzt im Blick auf die Kasualien nicht mehr durch das gemeindliche und notwendigerweise eher routiniert arbeitende Nadelöhr führen lässt, wird es in landeskirchlicher Zukunft noch viel stärker darauf ankommen, dass Einzelne öffentlich religiös in Erscheinung treten. Dass diese Einzelnen darum werben, dass ich ihnen mein Vertrauen schenke, wenn mein Kind zur Welt gekommen oder die Welt über mir zusammengebrochen ist. Ich möchte ihre Expertise anschauen und prüfen können, ohne mir die Frage stellen zu müssen, ob ich diese qua territorialer Zuordnung überhaupt in Anspruch nehmen darf – bitte keine innerkirchlichen Diskussionen an diesen Einbruchstellen meines Lebens! Die freien Rednerinnen und Redner und alternativen Bestatterinnen und Bestatter arbeiten längst so. Sie sind Spezialisten für eine bis maximal zwei unserer Kasualien und fächern dieses öffentlich dargestellte Angebot so auf, dass ich mich – im besten Fall – über den gesamten Kasualprozess hinweg als in guten Händen imaginieren kann. Zum Bereich der Bestattung gehören dann u.a. die gestalterische Arbeit an Urne oder Sarg, Projekte für Kinder und Jugendliche, eigene Trauergruppen und weiterführende biografische Angebote. Mit Trauung würden in kirchlicher Perspektive Ehebegleitung, Mediation oder Seelsorge korrespondieren. Man kann diese Erweiterungen unter verschiedenen Optionen denken: als »Kasualagentur« mit mindestens zwei oder drei hochkommunikativen und kontextsensiblen Pastorinnen und Pastoren für die Großstädte ebenso wie als persönlichen Schwerpunkt, der die Gemeindearbeit ergänzt.

Da es in naher Zukunft Mühe kosten wird, die Gemeinden überhaupt pastoral zu »versorgen«, wird es vielleicht, ähnlich wie bei freikirchlichen Pastorinnen und Pastoren, so sein, dass die Pastorinnen und Pastoren mit einem Bein in einer Gemeinde – im Innendienst, auf der Innenseite der Membran also – arbeiten und dabei Ehrenamtliche anleiten, die vereinskirchliche Gemeindestruktur so gut wie möglich und nach ihren Kräften und Begabungen selbst zu führen. Mit dem anderen Bein spezialisieren sie sich dann – als Außendienst an der Membran – in einem bestimmten Bereich, der ihnen besonders wichtig ist und ihren Fähigkeiten entspricht. Dies ist allerdings gar nicht so einfach zu denken: Zunächst müssten die Pastorinnen und Pastoren von der Geschäftsführung der immer größer werdenden Gemeinden durch den Kirchengemeinderat stärker noch als bisher entlastet werden. Der Kirchenkreis könnte hierbei unterstützend tätig werden. Es geht ja nicht alles gleichzeitig. Im Bereich der Kasualarbeit hieße das: Ich kann nicht einerseits eine flächenmäßig immer größer werdende Gemeinde managen und zugleich versuchen, mich im Bereich von Trauung und Bestattung sowie der Entwicklung weiterer Rituale weiter zu spezialisieren und über mein Gemeindegebiet hinaus öffentlich bekannt zu machen als Pastorin, die das fragile menschliche Leben inwendig zu begleiten weiß.

Diese Gemeinden werden von ihren Gaben her gedacht werden müssen. *Andreas von Maltzahn* hat von Ortsausschüssen gesprochen, die das geistliche Leben der Gemeindeorte gestalten: Wo sich eine Gottesdienstgemeinde zusammenfindet und bereit ist, dafür Verantwortung zu übernehmen, dort wird Gottesdienst gefeiert werden. Ähnliches gilt für Seniorenkreise oder andere kirchliche Gruppen. Pastorinnen und Pastoren käme dabei vor allem die Aufgabe der Weiterbildung der Ehrenamtlichen zu. Sie halten ausgewählte Gottesdienste, sind für Kasualien und Seelsorge zuständig. Gleichzeitig wird es Prädikantinnen und Prädikanten und Besuchsgruppen geben, welche diese Arbeit unterstützen. Wenn ich von *ausgewählten* Gottesdiensten spreche, dann meine ich nicht regelmäßige Sonntagsgottesdienste, sondern eher ereignisbezogene. Sie werden elementarer und partizipativer sein und gezielter beworben werden müssen. Und damit meine ich keine halbherzigen Anspiele, sondern Musicals, gut ausgearbeitete szenische Darstellungen wie die Passionsspiele im Kleinen oder auch Familiengottesdienste. Gemeinsame Feiern der ewigen Dimension des Lebens. Wo eine regelmäßige sonntägliche Gottesdienstkultur erhalten bleiben soll, da könnte man an Formate wie die Hauskirche denken, in deren Rahmen Menschen sich gegenseitig segnen oder Kerzen des Gebets entzünden. Gemeinschaft gegen die Einsamkeit: »Wir sind Gäste – alle überall.« Wenn eine Kommune eine Kirche erhalten will, dann können diese einfachen Meditationen unter Glockengeläut natürlich auch dort stattfinden – in der Verantwortung von einem oder einer, der oder die eine Art Wächteramt innehat.

Der angesprochene Außendienst, in dem die religiöse Kommunikation verdichtet wird, liegt zwar meiner Vorstellung nach am ehesten auf dem Gebiet einer rituell profilierten Seelsorge bzw. seelsorgerlich profilierter Rituale, aber er könnte natürlich auch andere Handlungsfelder betreffen. Dabei kommt es ja wesentlich auf die kontextuellen Bedingungen und die religiösen Subjekte selbst an. Aber diese religiöse Arbeit wird, aufs Ganze gesehen, exemplarisch, also auf Lücke hin geschehen: in Kindergärten, in Schulen, auf dem Feld der Kasualien, im Gefängnis, im Krankenhaus oder im Pflegeheim.

Und dabei wird auch die Frage nach unserer Identität immer wieder gestellt werden müssen: Wer wollen wir als Christen sein – was nehmen wir in den Fokus, worum versammeln wir uns? Und diese Frage ist wiederum nicht in allgemeinen unangreifbaren Floskeln, sondern immer wieder neu und persönlich zu beantworten. Das verweist auf die Profildiskussionen bei der Diakonie und anderen evangelischen Einrichtungen. Zugleich wird man die Perspektive umdrehen müssen: Es bereichert *uns*, wenn wir dort diakonisch oder bildend tätig sind.

Diese Flexibilisierung, dieses exemplarische religiöse Handeln würde auch eine andere Art des Studiums bedeuten. Ich finde es schwer erträglich zu sehen, wer an der intellektuellen Herausforderung dieses Studiums scheitert, obwohl die praktische Realität des Pfarramts später recht wenig damit zu tun hat. Ich finde es schwer erträglich, wie einseitig die gottesdienstliche Ausbildung immer noch ist – obwohl die Bedeutung einer elaborierten Liturgie und einer exegetisch korrekten Bibelauslegung sonntags auf der Kanzel immer mehr in den Hintergrund tritt. Tiefenpsychologische Bibel- und Ritualarbeit wird dabei m.E. immer noch unterschätzt.

Ich glaube, das Pfarramt selbst und dessen Talar werden eine deutlich dünnere Membran sein. Tragen, faszinieren und kommunizieren wird vor allem die eigene religiöse Biografie – die eigene, am Studium sowie am Leben geschulte Theologie. Damit wird auch der Dialog mit den Menschen existenzieller und riskanter. Weil es vor allem *darum* gehen wird – in der Predigt, im Gebet, im Vortrag, in der Diskussion. Eine solche *personalisierte Kirche* sind wir bisher nicht. Ich glaube aber, in diese Richtung muss es gehen: Zeige mir, aus welchem Geist du lebst! Überwältige mich, ohne mich zu überwältigen! Nur dort, wo wir uns persönlich *zeigen* und auf unsere eigenen religiösen Resonanzerlebnisse hin transparent machen, sind wir interessant und greifbar. Es wird darum gehen, gemeinsam mit anderen eine persönliche Glaubenspraxis zu entwickeln, die zu einer christlichen Zeigepraxis in der Welt wird. Für Belehrung und leere Behauptungen wird niemand mehr in die geheimnisvollen Gemäuer kommen. Dazu ist die Welt um uns herum zu eigenständig geworden. Aber es werden Menschen Orte suchen, an denen sie ihrem Korsett der Alltäglichkeit und Profanität entfliehen können, in denen sie Magisches hören und erleben. Das wird vielleicht auch zur Taufe führen, aber nicht der Grund ihres Zugehörigkeitsgefühls sein. Und was sie sympathisch finden, das werden sie unterstützen – mit Geld oder mit Leibeskraft. Davon werden wir leben. Von Spenderkreisen, denen gefällt, was wir tun. Und dabei gilt es eben, Angebote zu finden, die im Dialog mit den Bedürfnissen sind, die Menschen wirklich haben. Das ist *Paul Tillichs* berühmte Korrelation von Frage und Antwort, Situation und Botschaft. Ich denke dabei u.a. auch an Gemeindediakonie, an die Pflege von Menschen und später deren Gräbern. Das macht Mitgliedschaft attraktiv, wenn sie mir bei den Widrigkeiten des Lebens hilft, wenn ich mit meiner Mitgliedschaft *vorsorgen*, Lebensruhe finden kann.

Als Pastorinnen und Pastoren werden wir wohl noch stärker als bisher in persönlichen Netzwerken arbeiten – im Dialog mit Menschen, die Kirche ähnlich verstehen – und von ihnen lernen. Vielleicht werden das die geistlichen Communities der Zukunft sein. Eine Gemeinschaft aus Freunden gleicher Blickrichtung. »Ateliers« hat dies die Gruppe U45 in Hamburg genannt.

Sicher: Die kirchliche Membran wird dünner. Aber auch als dünner Faden wird sie immer noch eine Arche sein, die über das Wasser trägt; eine Scheide zwischen Ordnung und Chaos; ein irdisches Gefäß für den himmlischen Schatz. Zart und fragil. Vielleicht erlaubt genau dies jene Durchlässigkeit, die immer und allerorts gefordert wird. Vielleicht erlaubt das, »into the crack« zu treten und beseelte Experimente zu wagen. Nichts Überflüssiges, sondern etwas Ehrliches. Predigt in der Sprache eigener religiöser Erfahrungen. Rechenschaft von den eigenen Überzeugungen – Bekenntnisse. Im Dienste der religiösen Stärkung des Individuums. Dafür ist die Membran da – seit jeher.

Und eines ist noch sicher: So wie *Leonard Cohen* 1992 den Riss als Einfallstor für das Licht besungen hat, so verdichtete *Ernst Barlach* 1924 in seiner »Sündflut« eine große Hoffnung: »Gott verbirgt sich hinter allem, und in allem sind schmale Spalten, durch die er scheint, scheint und blitzt.«

Die Kirche der Zukunft wird kleiner und fragiler sein. Nicht weniger schön und nicht weniger geheimnisstark. Ihre dünne Membran wird weiter bewahren, was es zu bewahren gilt: Dass ein Gott uns nahekommt in den Rissen des Lebens, »dass Recht aufblüht, wo Unrecht umgeht«, dass Versöhnung möglich ist. Daran glaube ich.

ICH VERSTEH' DIE FRAGE NICHT

Hanna Jacobs

»Think outside the box«, raten Sinnsprüche auf Instagram und populärwissenschaftliche Managementliteratur. Oder: In einiger Entfernung eines Rechtecks wird ein Sternchen mit dem Kommentar versehen: »This is where the magic happens.« Das Wunder passiert folglich nur jenseits des Gewohnten. Man muss die Box oder den Rahmen verlassen, wenn man ein so verwegenes Vorhaben hat wie den Entwurf einer Zukunft der Kirche. Oder gar einer Kirche der Zukunft. Doch die Auswahl der Autorinnen und Autoren für die Essaysammlung zeigt, dass dieses Buchprojekt »inside the box« bleibt. Ich behaupte, dass ein Projekt, das ausschließlich evangelische Pfarrer – und somit Universitätstheologen – zu Wort kommen lässt, nicht ernsthaft an notwendigen Veränderungen interessiert sein kann. Es geht darum, den status quo zu retten, Macht zu bewahren. No magic will happen.

Ich werde im Folgenden erläutern, warum ich es nicht für sinnvoll halte, ausschließlich junge evangelische Pastorinnen um einen Beitrag gebeten zu haben, und aufzeigen, wer meines Erachtens alles zu Wort und zum Zug kommen sollte, wenn es darum geht, heute und in Zukunft Kirche zu gestalten.

Es war einmal das Pfarramt

Wir Pfarrerinnen sind, das wurde uns in Studium und Vikariat oft genug gesagt, die Fachleute fürs Religiöse, wir haben Deutungskompetenz, können religiöse Vollzüge reflektieren. Das ist wertvoll, aber was wir lernen, reicht nicht. Denn das Theologiestudium bereitet junge Menschen auf den Berufsalltag eines Pfarrers des 19. Jahrhunderts vor. Er ist ein gelehrter Mann, dieser Pfarrer, und hat ausreichend Zeit, Predigttexte zu übersetzen und zu exegesieren. Er predigt von der Kanzel und lehrt im Konfirmandenunterricht. Weil er ein gebildeter Mann ist, ist er in der Lage, die paar kleinen Sanierungsarbeiten an seiner Kirche zu überwachen. Er muss keine Kennenlernspiele auf Konfirmandenfreizeiten anleiten, keine Baumaßnahmen umsetzen, die in die Hunderttausende Euro gehen. Er muss nicht im Kindergarten von Ostern erzählen und keine Jugendarbeit aufbauen.

Einige dieser Aufgaben werden heute von Pastoren übernommen. Wobei die meisten mit der Verwaltung einer großen Gemeinde (mitunter plus Kindertagesstätte) mangels betriebswirtschaftlicher Kenntnisse überfordert sind. Oder keine Freude daran haben und bei jedem Pfarrkonvent diesen Aspekt ihres Dienstes beklagen, weil sie doch lieber verkündigen, beseelsorgen und gestalten wollen. Vieles allerdings, wofür es vor über hundert Jahren nur den Pfarrer gab, fällt heute in anderer Menschen Zuständigkeiten: Der Diakon macht die Konfirmandenarbeit, das Verwaltungsamt unterstützt beim Bau und die Erzieherin der kirchlichen Kindertagesstätte arbeitet religionspädagogisch. Verkündigung findet ferner online statt, auch wenn Landeskirchenämter für Social Media bedauerlicherweise meist wieder nur Pfarrerinnen anstellen, anstelle von Menschen, die tatsächlich etwas mit Medien studiert oder ein Volontariat in einer Onlineredaktion gemacht haben. Die allseits gelebte Überzeugung, allein die Ordination befähige auf beinah mystische Weise zu allem, was andere Menschen in Studium und Ausbildung richtig lernen, verhindert nicht nur zuverlässig Qualität. Sie zeugt auch von Hybris. Kirchenmusikerinnen gab es auch schon vor der Einführung von A-, B- oder C-Prüfung; zusätzlich zu ihnen beschäftigen viele Landeskirchen inzwischen auch Popkantoren. Küsterinnen und Friedhofsgärtner gab es auch schon damals, als der Pfarrer neben Landarzt und Schulmeister noch der klügste Mann im Dorf war.

Wer ernsthaft nach einer zukunftsfähigen Kirche fragen will, sollte unbedingt andere kirchliche Berufsgruppen zu Wort kommen lassen. Denn Kirche wird hauptamtlich nicht nur von uns privilegierten und hochbezahlten Pfarrerinnen gestaltet, sondern auch von Diakonen, Gemeindepädagoginnen, Gemeindesekretärinnen, Religionslehrern, Küstern, Sachbearbeiterinnen, Verwaltungswirtinnen, Musikern, Erziehern, Sozialpädagogen ... Auf all diejenigen, die bei der Diakonie arbeiten – und das Diakonische Werk ist wichtiger Teil der Evangelischen Kirche –, kann ich an dieser Stelle leider nicht weiter eingehen und will doch kurz daran erinnern, dass nicht wenige Menschen beim Aufenthalt in kirchlichen Krankenhäusern oder Pflegeeinrichtungen ihre einzigen Erfahrungen mit Kirche machen und die sind oft positiv.

Wenn man eingesehen hat, dass Kirche nicht nur sonntagmorgens im Gottesdienst stattfindet, sollte man in das Nachdenken über ihre Zukunft alle die einbeziehen, die aktuell schon in Seelsorge, Verkündigung oder Diakonie tätig sind.

Werden wir die Konfession los!

Alle Autorinnen sind evangelisch. Manche reformiert, manche uniert und wieder andere lutherisch. Aber diese Unterschiede werden etlichen unserer Gemeindeglieder ohnehin nicht geläufig sein. Bekenntnisschriften sind eine coole Sache und dienten dem Zweck, Rechenschaft darüber abzulegen, was man eigentlich glaubt. Und wie sich das von den anderen unterscheidet. Heute glauben wir, was wir wollen. Ich saß vor einiger Zeit bei einer Tischabendmahlsfeier an Gründonnerstag neben einem pensionierten lutherischen Pfarrer, der munter offenbarte, dass sein Abendmahlsverständnis eher reformiert als lutherisch sei. Niemand wird rausgeworfen, weil er oder sie nicht das glaubt, was die eigene Kirche in Bekenntnissen und Impulspapieren niedergeschrieben hat. Man kann an Engel und an Heilige glauben, Reiki machen und sich trotzdem evangelisch trauen lassen. Die Grenzen sind längst verschwommen. Gesucht wird, was hilft. Ob das nun Kerzen sind, die in einem Dom angezündet werden oder der Gospelchor einer evangelischen Kirchengemeinde – den allermeisten ist das egal. Die Probe aufs Exempel hat man übrigens, wenn man sich vor Augen führt, dass bei katholischen Finanz- oder Missbrauchsskandalen jedes Mal auch Menschen aus der evangelischen Kirche austreten, und zwar nicht zu knapp. Konfession ist nur noch den Hochverbunden und Berufschristen wichtig.

Das konfessionelle Denken geht an der spirituellen Suche postmoderner Milieus vorbei. Ich beobachte an mir selbst, wie sich mein eigener Glaube, meine eigene Theologie seit Studium und Vikariat entwickelt haben. Das Fundament, auf dem ich stehe, ist immer noch ein lutherisches. Doch geprägt haben mich in den letzten Jahren vor allem Jesuiten, Achtsamkeit, Meditation, Naturrituale und integrale Spiritualität. Man könnte es Synkretismus oder etwas weniger böse Eklektizismus nennen. Oder man könnte den Gedanken zulassen, dass Gott auch in den Bereichen zu finden ist, die wir nicht mit unserer Amtskirche verwalten und kontrollieren, und anerkennen, dass unser Repertoire an Ermöglichungsräumen für Gotteserfahrungen recht begrenzt ist. Ich bin überzeugt, dass sehr viele Menschen nach Transzendenzerfahrung suchen, nach Ruhe oder Sinn. Nach Schönheit, Ewigkeit oder Liebe. Sie finden es nicht in unserem Standardprogramm, aber sie würden es, davon sollten wir als Christen ausgehen, in der Botschaft des in Christus Mensch gewordenen Gottes finden. Nur wenige Pfarrer pflegen eine eigene Spiritualität, die über das Lesen der Losung und ein gelegentliches Gebet hinausgeht, und ihrem Selbstverständnis nach haben sie mehr mit der Schrift als mit dem Heiligen zu tun. Dabei suchen Menschen gerade hier nach Anleitung und Vermittlung. Die religiös indifferentesten Taufeltern schließen beim Segen mit Handauflegung die Augen, weil sie im Pfarrer das sehen, was er selten ausfüllen kann: den Mystagogen.

Strukturell verhindert das konfessionelle Denken, wie es sich in der Auswahl der Autorinnen und Autoren dieses Sammelbandes manifestiert, dass kleiner werdende Ressourcen jedweder Art sinnvoll genutzt werden können. Was könnte man nicht alles tun, wenn man es gemeinsam täte. Doch das Lund-Prinzip, dass nämlich alles, was ökumenisch getan werden kann, auch gemeinsam gemacht werden soll, findet selten Anwendung. Ökumene ist oft ein zusätzliches Arbeitsfeld, wobei bis auf die Sakramente und Kasualien so gut wie alles überkonfessionell stattfinden könnte. Altenkreise, Chöre, Kindergottesdienst, Jugendarbeit, Seelsorge.

Die Zukunft der Kirche wird ökumenisch und postkonfessionell sein. Je weniger Menschen in Deutschland einer christlichen Kirche angehören werden, desto mehr muss diese Gruppe das Verbindende suchen. Konfession ist der Luxus eines Mehrheitschristentums.

Bedauerlicherweise haben viele Pfarrerinnen erstaunlich wenig Ahnung von den Geschwistern anderer Konfessionen oder Denominationen, es sei denn, sie haben zufällig ein Auslandsjahr in Rom verbracht. Welche Befugnisse hat ein katholischer Diakon und wie groß ist eine Pfarrei? Wer darf bei den Baptisten taufen? Und was machen eigentlich Quäker? Da gibt es sicher Unterschiede zwischen Berlin und Schwäbischer Alb. So oder so ist vielerorts, ökumenisch gesehen, noch Luft nach oben.

Es geht nicht darum, dass einzelne Landeskirchen oder die EKD eine Zukunft haben, sondern dass die Kirche Jesu Christi, in der Menschen das Evangelium erfahren, eine Zukunft hat. Ob das durch eine Pastoralreferentin, einen mennonitischen Laienprediger oder durch den Gebrauch von Klangschalen geschieht, sollte dabei keine Rolle spielen.

Mitte 30 ist nicht jung

Jung sind wir, die wir hier zu Wort kommen. So jung, wie man eben nach einem langen Studium, Vikariat, ggf. sogar Promotion eben noch ist. Irgendwas unter 40. Wir alle haben eine Ausbildung durchlaufen, die uns Schönheit und Sinn von Liturgie erschließt. Wir durften Schätze alter Kirchenlieder entdecken und haben uns sofort oder mit der Zeit an unsere Talare gewöhnt. Wir sind (beinahe) die einzigen unserer Generation, die auf Spotify auch J.S. Bach hören.

Wir sind konservativ. Weil unser Beruf ein konservierender ist. Wir bewahren biblische Geschichten davor, vergessen zu werden. Wir bewahren Gebäude. Wir bewahren Formen und Rituale, teilweise, weil wir davon überzeugt sind, dass sie gut sind, teilweise, weil wir qua Amt dazu verpflichtet sind.

Es ist unwahrscheinlich, dass die radikalen und kühnen Ideen von uns kommen, den so genannten jungen Pastoren. In der Start Up-Szene wären wir alt. Fast überall ist man alt, wenn man beim Berufseinstieg über 30 ist. Und ausgerechnet diese Altersgruppe erreicht die Kirche so gut wie gar nicht. Denn: Wenn man mit Anfang 30 als junge Kollegin gilt, heißt das, dass die anderen umso älter sind. Diejenigen, die in der Kirche aktiv sind, haupt- oder ehrenamtlich, sind alt. Und so hat die Kirche meist niemanden, den sie fragen kann, abgesehen von ein paar Jugenddelegierten der Synode, wenn es sie denn gibt. Das führt dazu, dass Angebote für Jugendliche an Jugendlichen vorbei gemacht werden. Der EKD-finanzierte YouTube-Kanal »Jana glaubt« ist nur ein Beispiel dafür, dass Jugendliche sich nicht durch das angesprochen fühlen, was 55-jährige Kirchenräte für eine gute Idee halten. Dabei sollte viel Energie und Arbeitskraft darauf verwandt werden, die Abiturientinnen, Auszubildenden und Studierenden nach ihren religiösen Bedürfnissen zu fragen und in die konkrete Gestaltung einzubeziehen. Die 22-Jährigen sind die Zukunft der Kirche: als Nutzerinnen, Gestalter und nicht zuletzt Financiers. Nur mit ihnen zusammen können wir Theologen Mitte 30 die Zukunft der Kirche gestalten.

Und schließlich braucht Kirche auch die Weisheit der Mittelalten. Der Queraussteiger, die mal Pfarrer werden wollten und mit dem Studium fertig wurden, als lauter Theologen in die Praxis schwemmten. Und dann IT-lerinnen oder Coaches, Lehrer oder PR-Leute wurden. Und schließlich auch die, die jetzt auf ein halbes Arbeitsleben im Pfarramt zurückblicken, die viel Erfahrung und noch einige Träume haben.

loslassen

Von der Macht, die besagter Pfarrer aus dem 19. Jahrhundert noch hatte, ist nur noch ein Bruchteil übriggeblieben. Und auch der schwindet. Was für eine Befreiung! Je weniger wert das Amt des Pfarrers ist, desto mehr kann er loslassen. Kontrolle, Erwartungen, längst Überholtes. Für die meisten der jungen Erwachsenen, mit denen ich zusammenarbeite, spielt es keine Rolle, dass ich Pfarrerin bin. Ich bin die, die Brote schmiert, zuhört, ab und zu einen schönen Text vorliest und sich im Hintergrund um Geld und Orga kümmert. Ich bin die, die einfach da ist. Ohne Talar und ohne Vornestehen. Bereits nach zwei Jahren Vikariat war es ein Umlernen, die Rolle der Pastorin abzulegen und mich damit vom

Prestige, der Anerkennung und der Position einer (Dorf-) Pfarrerin zu befreien. Es ist, so finde ich, sehr heilsam, sich besonders in unserem Beruf regelmäßig hinterfragen zu lassen. Und so bleibt mir nichts, außer zum Kontrollverlust und Warten auf Geistwirken zu ermutigen. Die wahre, unsichtbare Kirche braucht so viel weniger Gebäude, Beamte und Regularien. Gut möglich, dass das da ist »where the magic happens«.

Dass einzelne Pfarrer auch vor über hundert Jahren schon einiges vom Loslassen verstanden, liest man bei *Martin von Gerlach*, »Die Gefahr der Überlastung«, 1904:

Mit Kirchenbann soll belegt sein:
Wer eine Kasse selbst führt,
Wer die Nacht zum Tag macht,
Wer nicht mehr mit seinen Kindern spielt,
Wer aus Zeitgeist nicht mehr an die See oder in die Berge will,
Wer sich für unentbehrlich hält,
Wer sich keine Stellvertreter erzieht,
Wer sich immer gleich ärgert,
Wer kleinlich wird,
Wer kaum noch zu sprechen ist,
Wer bei allem dabei sein will,
Wer sich aus Ehrgeiz etwas auflädt.

HINTER JEDEM HÜGEL: WOLFSERWARTUNGSLAND

Johanna J. Klee

»Ich schreibe: ich zeichne Wörter auf eine Seite.
Buchstabe um Buchstabe.
Vorher gab es nichts oder fast nichts, danach gibt es nichts Besonderes.
Ich bewohne mein Blatt Papier, ich statte es aus, ich durchlaufe es.
So beginnt der Raum, nur mit Wörtern, mit Zeichen.«

Georges Perec

Im Wandern und Wundern

Ich schreibe diesen Text in der Karwoche. Meine Predigtfamilie, meine »Homily« sind Menschen, mit denen ich meine Predigten erarbeite und reflektiere. Sie meinen, für die Zukunftskirche bräuchte es eigentlich nur ein bisschen *Perec* und eine Schildkröte. Ein bisschen Leere und Langmut. Gleichzeitig brennen Kirchen in Paris, auf Sri Lanka. Menschen sind davon bewegt, die nichts mit Kirchen anfangen können. In den sozialen Medien debattiere ich viel mit anderen über die Kirche der Zukunft. *Erik Flügge* hat ein neues Buch herausgebracht. Die Tageszeitungen berichten von jungen, hippen Pfarrerinnen und Pfarrern. Generation Y. Ich bin eine davon. Mir kommt das Christentum in dieser Karwoche sehr zukunftsverloren vor.

Im Sinne von Kirche[2] bin ich eine Wanderin, eine Pionierin. Ich mache immer wieder Fremdheitserfahrungen in der evangelischen Kirche. Ich wurde 1986 in Ost-Berlin geboren. Meine Familie ist nicht-gläubig. Sie sind nicht atheistisch, Religion ist ihnen schlichtweg egal. Acht Jahre lang bin ich in einer Plattenbauwohnung in Berlin-Hohenschönhausen aufgewachsen. Hohenschönhausen ist ein Stadtteil, der in den 80er-Jahren ein Vorzeigeprojekt der DDR werden sollte.

Bis heute ist Hohenschönhausen auch der Stadtteil in Berlin mit dem geringsten Anteil an Christinnen und Christen. Als ich eingeschult wurde, waren es vier, jetzt sind es etwa sechs Prozent. Es mag Zufall sein, dass ich Christin wurde. Vielleicht war es Berufung. Vielleicht hatte Gott auch einfach Humor.

Aus kindlichem Interesse besuchte ich den evangelischen Religionsunterricht. Dann folgte der Konfirmandenunterricht in der Taborkirche, eine mittelalterliche Dorfkirche zwischen den Plattenbauten. Der Unterricht fesselte mich. Die Bibel fesselte mich. Ich ließ mich mit 14 taufen. Ich blieb in der »Jungen Gemeinde«.

Nach der Wende war die evangelische Kirche – wie schon in der DDR-Zeit – sehr politisch geprägt. In Hohenschönhausen brachte das politische Machtvakuum der 90er-Jahre rechtsextreme Positionen zum Vorschein. Die kirchliche Jugendarbeit positionierte sich dagegen. Am Wochenende läuteten die Kirchenglocken gegen die rechtsextremen Demos an. Schwerter zu Pflugscharen.

Der Glaube gab mir Halt. Halt in einer Welt voller Unsicherheit, voller Umbrüche. Ich wollte Theologie studieren. Erst als ich anfing zu studieren, merkte ich, dass ich wirklich gar keine Ahnung von Theologie oder Kirche hatte. Am nächsten waren mir da noch die freikirchlich geprägten Studierenden aus den Ost-Berliner Bezirken. Unsere Ahnungslosigkeit hatten wir gemein.

Meine Studienzeit in Berlin prägte mich. Liberale Theologie, gemischt mit hochliturgischem Anstrich und einer Leidenschaft für historisch-kritische Exegese. Meine Heimatgemeinde wurde der Berliner Dom.

Und nach dem Studium? Ein bisschen wie Jeremia ereilte mich das Pfarramt. Durch weitere Zufälle landete ich 2016 im Probedienst in der Landeskirche Braunschweig. Von Ost zu West. Von sechs zu 53 % Christ*innen. Von uniert zu lutherisch. Seit drei Jahren bin ich dort jetzt Pfarrerin.

Ich bin zu 50 % Pfarrerin in einer Gemeinde mit 6.500 Gemeindegliedern. Und ich bin zu 50 % Pfarrerin in der Jugendkirche Braunschweig. Wenn man mich fragt, sage ich meist: Ich bin Jugendpfarrerin.

Das Stadtviertel, indem ich arbeite, ist sehr von VW geprägt, dennoch eher bürgerlich, liberal, grün. Es leben vor allem Familien hier. Wir haben eine Kindertagesstätte, doppelt so viele Taufen wie Beerdigungen. Im Sommer sind wir Hochzeitskirche. Die Kirche ist dann komplett ausgebucht. Im Gottesdienst sitzen jeden Sonntag zwischen 50 und 150 Menschen. Aktuell habe ich 120 Konfirmand*innen und 60 Teamer*innen. 30 Tage im Jahr verbringen wir auf Jugendfreizeiten. Von Relevanzverlust spüren wir wirklich gar nichts – im Gegenteil. Denn die Arbeit, die wir mit 200 % Pfarrstellenanteil machen, haben vor nicht allzu langer Zeit vier Pfarrer*innen gemacht.

Die Jugendkirche ist im Gegensatz dazu eher Pionierarbeit im eigentlichen Sinne. Meine Diakonin und ich haben einen kleinen Kreis von zehn bis zwanzig Ehrenamtlichen, von denen etwa die Hälfte über kirchliche Jugendarbeit zu uns gestoßen ist. Die andere Hälfte ist nicht-kirchlich geprägt und eher links orientiert. Alle haben gemeinsam, dass sie kein Gymnasium besucht haben. Sie gehen Ausbildungsberufen nach. Zusammen feiern wir Gottesdienste und Andachten, haben miteinander Gemeinschaft. Wir geben Workshops zu unterschiedlichen Themen. Außerdem haben wir eine Fülle an kulturellen Angeboten.

Das Schöne an der Jugendkirchen-Arbeit: Sie ist immer wieder anders. Die Jugendlichen entscheiden mit uns gemeinsam – partizipativ und demokratisch –, was wir machen. Eines der schönsten Projekte aus meinen drei Jahren dort ist die »WG auf Zeit«. Für eine Woche habe ich mit zehn Jugendlichen in der Kirche gewohnt.

Manchmal, an guten Tagen, denke ich: Mehr Zukunftskirche geht nicht. Ich habe alles, was ich brauche. Ich habe ein tolles Team um mich herum. Ich habe auch viele Freiheiten. Ich kann meine Zeit nutzen, auf Fortbildungen zu fahren. Um Predigen zu lernen und zu lehren. Um Kunst zu machen. Poetry Slam, PlayingArt. Ich sehe, was andere träumen und entwickeln. Und vor allem habe ich begeisterte, neugierige, glaubensstarke Jugendliche. Sie gestalten die Kirche mit. Sie feiern Jugendgottesdienste, halten Predigten, die mich immer wieder berühren, bringen mich zum Lachen, zum Nachdenken. Ich verbringe viel Zeit mit ihnen, viel »Freizeit« auch. Jugendpfarrerin bedeutet, immer auch sich selbst ganz hineinzugeben.

Und dann gibt es die schlechten Tage. Tage, an denen ich um unsere Zukunft bange. Weil ich nie weiß, wie die Landessynode entscheidet. Welche Stellen werden als Nächstes gekürzt? Wo wird rationalisiert, obwohl die Kirchensteuereinnahmen so hoch sind wie noch nie? Wie wird es mit uns weitergehen? Wo soll ich meine Arbeit beschränken? Bei den Konfirmand*innen, bei den Taufen, bei Gottesdiensten? Bei den Jugendlichen, die nachts mit mir über ihre Beziehungen reden? Es scheint alles so unwirklich. Dabei arbeiten wir schon alle deutlich über unseren Grenzen.

Im Handeln (und Heulen)

In dreißig Jahren arbeite ich noch. Wenn ich es hochrechne, sind wir in dreißig Jahren vielleicht noch ein Viertel der Pfarrer*innen. Für die ganze Stadt Braunschweig wären dann ungefähr zehn Personen zuständig. Die Landessynode reagiert darauf, indem sie die Zahl der Pfarrerinnen und Pfarrer schon jetzt drastisch reduzieren möchte. Statt derzeit 270 sollen also nur noch 170 Pfarrer*innen in der Braunschweiger Landeskirche tätig sein. Auch die Zahl der Diakon*innen wird reduziert. Gleichzeitig wird darüber nachgedacht, wie Kirchgebäude umgewidmet werden können.

Angesichts der Freiburger Studie, die der Kirche für 2060 nur noch die Hälfte der Mitglieder prognostiziert, scheint dies zukunftsweisend zu sein. Auch deswegen, weil wir als Kirche nicht nur das Problem haben, dass es immer weniger Kirchenmitglieder und Kirchensteuereinnahmen geben wird, sondern auch immer weniger Nachwuchs. Es gibt wenige Mutige und Unverzagte angesichts der derzeitigen Situation.

Oft habe ich den Eindruck, die Kirche ist dem schnellen Wandel, den wir derzeit erleben, nicht gewachsen. Dabei hätte der christliche Glauben so viel zu geben! Wenn ich als Kind aus atheistischem Elternhaus zum Glauben gefunden habe, warum dann nicht auch andere? Ich glaube an Wunder. Ich erlebe sie täglich in meiner Arbeit.

Ich habe keine Antwort darauf, wie die Kirche der Zukunft aussehen könnte. Aber ich denke, wir müssen uns auf den Weg machen, mutig probieren, experimentieren, Pionier*innen sein. Wir dürfen uns von den Zahlen, von den dunklen Zukunftsvisionen, nicht abschrecken lassen. Wir müssen uns dennoch mit unserem Sein hineinbegeben. Das tun, was uns Spaß macht. Und von unserem Glauben erzählen.

Vielleicht hat *Erik Flügge* nicht so unrecht, wenn er von Mission spricht, von persönlichem Kontakt. Glaube wächst durch Beziehung. Nur, wie soll das gehen? Schon jetzt sind Hauptamtliche an den Grenzen ihrer Belastbarkeit angelangt. Ihre Terminkalender sind voll von Geschäftsführung, Gremienarbeit, Verwaltung. Rufe werden laut nach klar geregelten 40-Stunden-Wochen, nach Arbeitsschutz.

1. Daher wird eine Zukunftskirche ohne Strukturreformen kaum möglich sein. Diese Strukturreformen müssen wohl notwendig von den kirchenleitenden Gremien geplant werden. Einerseits geht es um den

Abbau von Bürokratie, andererseits um Regionalisierungsprozesse. Anders als bisher würde ich aber meinen: Das volkskirchliche Gießkannenprinzip hat ausgedient. Es müsste viel stärker konzeptionell gedacht werden: Gut laufende kirchliche Arbeit sollte gezielt gestärkt und weiter profiliert werden. In verschiedenen Landeskirchen gibt es dafür schon Modellprojekte. Bei uns sind es die sogenannten »Gestaltungsräume«, in Bayern das PuK-Modell.

Ich bin überzeugt, dass es keine einheitliche Lösung geben wird. Jede Region wird – von außen begleitet – für sich selbst entscheiden müssen, wo Schwerpunkte zu setzen sind. Städtische und ländliche Räume können vor sehr unterschiedlichen Herausforderungen stehen. Auf dem Land ist die Kirche wie die Feuerwehr oder der Schützenverein eine wichtige sozialräumliche Komponente. Eine Kirche aufzugeben ist gleichbedeutend damit, das ganze Dorf aufzugeben. In Zeiten, wo Pfarrteams vielleicht nicht mehr nur dreißig, sondern hunderte Dörfer betreuen werden, darf das nicht aus dem Blick geraten.

In der Stadt ist die Konkurrenz zu anderen Angeboten groß. Es müssen nicht alle fünf Kirchen einer Stadt zur selben Zeit am Sonntagmorgen einen Gottesdienst anbieten. Schon gar nicht, wenn alle fünf Kirchen zukünftig eine einzelne Gemeinde bilden. Jede Kirche kann unterschiedliche Zielgruppen ansprechen. Kulturkirche, Jugendkirche, Kinderkirche. Gottesdienste für hochliturgisch geprägte Menschen, Gottesdienste für freikirchlich geprägte Menschen. Segnungsfeiern, Schulandachten, Scheidungsrituale. Die Spielräume sind groß, wenn die Freiheit zur Kreativität besteht.

2. Darüber hinaus halte ich es in Anlehnung an das Hamburger Kugellager-Modell für sinnvoll, in Teams mit anderen Professionen zu arbeiten: BWLer*innen, Anwält*innen, Architekt*innen, Psycholog*innen. Aber auch in Teams mit anderen Pfarrer*innen, Diakon*innen, Musiker*innen. Manchmal träume ich davon, dass ich gemeinsam mit vielen anderen Christ*innen in einer Art Kommunität lebe. Jede hat ihre Wohnung, aber sie liegen nahe beieinander. Von dieser Kommunität aus planen und beraten wir unser kirchliches Arbeiten in der Region. Wir beten und tragen uns gegenseitig. Wir sind ein Netzwerk von Menschen, die Christus in sich haben. Begeistert, erleuchtet. Ein kleines Pfingsten.

   In kleinen Formen gibt es diese Vernetzung schon. Mit der zunehmenden Digitalisierung werden verschiedenste Kommunikationsformen im gesamten deutschsprachigen Raum genutzt. Predigten werden nicht allein am Schreibtisch verfasst, sondern sie entstehen in einem gemeinschaftlich-kreativen Austauschprozess via Facebook, Twitter oder Instagram. Die sozialen Medien fördern die Interaktion mit anderen Nutzer*innen, so dass auch sie in den Vorbereitungsprozess einbezogen sind. So entsteht eine »Homily« – eine Homiletische Familie –, die nicht nur kohlenstofflich, sondern auch digital im Kontakt bleibt und sich gegenseitig stärkt, stützt, inspiriert. Künstlerische Inspirationen wie *Marina Abramović* oder *Georges Perec* werden geteilt. Erlebtes wird so zum gemeinsamen Erbe.

3. Es geht nicht nur darum, die Gabenvielfalt zu stärken, sondern auch kirchliche Angebote so zu gestalten,

dass sie den Bedürfnissen der Menschen entsprechen. Wir müssen nah bei den Menschen sein, um zu schauen, was sie von Kirche erwarten. Was wollen die 90 % Kirchenmitglieder, die nicht zu unseren Gottesdiensten kommen und auch nicht anderweitig in der kirchlichen Arbeit auftauchen? Wie können wir eine Geh-Struktur entwickeln? Das Konzept von FreshX findet Wege, Kirche neu zu denken. Auch in Deutschland entstehen viele neue, spannende Projekte.

Dafür gilt es, erst einmal ganz genau hinzuschauen. Was erwarten die Menschen vor Ort von der Kirche? Welche sozialräumlichen Gegebenheiten liegen vor, woran fehlt es? Das Projekt »Beymeister« hat ein Jahr lang ein grünes Sofa am Rhein aufgestellt und mit den vorbeigehenden Menschen gesprochen. Erst dann wurde ein kirchliches Projekt für die entsprechende Zielgruppe entworfen. Ähnliche Projekte entstehen deutschlandweit. Es ist wird zunehmend wichtiger werden, die Bedürfnisse der Menschen vor Ort im Blick zu behalten und Projekte partizipativ, demokratisch und innovativ zu gestalten.

4. Es gilt das Priestertum aller Gläubigen. Jeder getaufte Christ kann vom Glauben erzählen, jede getaufte Christin ist Leuchtfeuer. In säkularen Zeiten ist es wichtiger denn je, Menschen in ihrem Glauben zu stärken. Auch in dem, was sie nach außen tragen. Sei es im kohlenstofflichen oder im digitalen Bereich. Christ*innen sind Multiplikator*innen in ihren jeweiligen Kontexten. Kirchlich engagierte Jugendliche tragen ihre Gemeinschaftserfahrung in ihre Peergroups. Mündliche Werbung funktioniert besser als jeder Flyer. Unser kürzlich gefeierter Technogottesdienst

war vor allem deswegen ein großer Erfolg, weil die Jugendlichen den Gottesdienst selbst gestaltet und ihre Mitschüler*innen eingeladen haben. Plötzlich tanzten und beteten 150 Jugendliche in der Kirche, die diese sonst nie freiwillig betreten hätten.

Das Gleiche gilt für digitale Influencer*innen. Sie sind Role Models einer ganzen Generation. Wenn *Bibi*, *Dagibee*, *LeFloid* oder *Gronkh* kirchlich heiraten würden, hätte das einen größeren Einfluss auf die jugendliche Zielgruppe, als wir es jemals haben können.

5. Eigentlich ein banaler Punkt: Pfarrer*innen, Diakon*innen – alle Hauptamtlichen – sind Menschen in dieser Welt. Viel zu oft leben wir in unserer kleinen, kirchlichen Filterblase. Lasst uns rausgehen in die Welt und das machen, was uns Spaß macht. Tanzen, joggen, lesen, reisen. Wir können uns überall engagieren. Lasst uns mit Menschen ins Gespräch kommen. Einfach so. Lasst uns sichtbar sein, präsent. Lasst uns Sauerteig werden.

Meine besten Seelsorgegespräche habe ich beim Joggen oder Wandern – mit Menschen, die sonst nichts mit Kirche zu tun haben. Meine besten Predigtideen kommen mir in Cafés und Bars, beim Tanzen und Feiern. Meinen Glauben lasse ich auf der Bühne beim Poetry Slam einfließen. Als Berlinerin weiß ich, wie viel das »Outing« immer wieder an Mut kostet. Und trotzdem entsteht nur so Kontakt, entsteht nur so Gespräch. Jesus sendet uns in die Welt, um zu verkündigen, das geht in Kneipen genauso gut wie in Kirchen. Wir sind das Salz der Erde und das Licht der Welt. Wir haben einen Auftrag.

Im Hoffen und Träumen

Eines Tages wird es sein,
da kommen wir alle zusammen.
Wir sitzen im Gras,
spüren die Halme unter den Fingern.
Die Bäume bilden über uns ein Dach.
Staub spielt mit dem Schatten.
Wir kommen zusammen,
so, wie wir sind.

Mit unseren zu großen Ohren,
zu schiefen Zehen, zu haarigen Beinen,
unseren Leberflecken und Narben.
Mit unseren zu vielen Fragen,
zu großen Worten, unserem Begehren.

Eines Tages wird es sein,
da kommen wir alle zusammen.
Es wird keine Ziegel mehr geben,
auch keine Mauern.
In den Ruinen der Kirchen
wachsen Löwenzahn und Sauerampfer.
Im Taufwasser baden die Amseln.
Es wird keine Pfarrer mehr geben,
auch keine Priesterinnen.
Es gibt keinen Verwaltungsapparat
und keine Bürokratie.
Niemand fragt nach Rechnungsprüfung und
Baugenehmigung.
Keine Vorschriften mehr, keine Gesetze.

Eines Tages wird es sein,
da kommen wir alle zusammen.

Wir können uns nicht mehr verletzen,
wir haben einander oft genug verletzt.
Wir kennen einander.
Wir erkennen einander.
Und siehe, es ist sehr gut.

Eines Tages wird es sein,
da kommen wir alle zusammen.
Und eine wird die Bibel nehmen und lesen.
Und einer verteilt das Brot und den Wein.
Wir stimmen ein Lied an: Nada te Turbe.
Die Amseln stimmen mit ein,
erheben sich zum Himmel.

Eines Tages wird es sein,
da wird Gott ausgießen seinen Geist.
Auf alle seine Söhne und Töchter,
auf alle seine Kinder.
Und wir werden im Gras sitzen
*und anfangen zu träumen.**

**Dieser Text ist während meiner Zeit als Jugendpfarrerin in Braunschweig entstanden.*

BEWEGTE KIRCHE: VON AUSLAGERUNGEN UND GRENZÜBERSCHREITUNGEN IN WIEN-LIESING

Helene Lechner

Evangelische Kirche in Wien – aktuelle Situation

Die Evangelischen in Wien sind eine kleine Minderheit. Anfang 2019 lag die Einwohner*innenzahl der Stadt Wien bei ca. 1,9 Millionen Menschen. 2017 zählte die Statistik Austria 48.557 Wienerinnen und Wiener evangelisch-lutherischen Bekenntnisses; 4.424 waren evangelisch-reformiert; 663 Menschen gehörten der Evangelisch-methodistischen Kirche an. Dementsprechend spiegeln sich diese Zahlen in den Gemeindegrößen der evangelischen Pfarrgemeinden Wiens wider.

Die evangelisch-lutherische Gemeinde, in der ich seit meiner Ordination 2013 als Pfarrerin tätig bin, hat gegenwärtig ca. 3.500 Gemeindeglieder und umfasst den gesamten Stadtteil Wien-Liesing, der wiederum ca. 106.300 Einwohner*innen hat. Dieser Stadtteil liegt im Südwesten Wiens, am äußeren Rand der Stadt und grenzt somit direkt an Niederösterreich, Österreichs flächenmäßig größtes Bundesland, das Wien von allen Seiten umschließt. Spuren des ländlichen Charakters des unmittelbar angrenzenden Nachbarbundeslandes Niederösterreich finden sich deshalb auch bei uns: hügelige Weingärten, sogenannte »Heurige«, deren Betreiber diese Gärten bewirtschaften und eigenen Wein herstellen und verkaufen; der Wiener Wald, der von vielen Menschen als Erholungsgebiet genutzt wird, Einfamilien- oder Reihenhäuser mit kleineren und größeren Gärten.

Gleichzeitig findet man in Liesing, historisch bedingt, aber auch größere Flächen spärlich bewohnten Industriegebiets und, wie in jedem Bezirk Wiens, zwischen all den Einfamilienhäusern einige sogenannte »Gemeindebauten«, durch welche die Stadt Wien ihren Einwohner*innen sehr günstige Wohnungen zur Verfügung stellt. Da der Bezirk Liesing jungen Familien mit seinen vielen Kindergärten, Schulen, Spielplätzen, Wäldern und Parks attraktive Wohn- und Lebensmöglichkeiten bietet, ist er beliebtes Zuzugsgebiet. Davon profitiert auch unsere Pfarrgemeinde.

Evangelische Kirche in Wien – Was mich bewegt

Als Pfarrerin dieser (wenn auch am Stadtrand gelegenen) Großstadtgemeinde in Österreich bewegt mich:

(1) Religiöse Kindererziehung wird nach meiner Einschätzung in vielen Familien, wenn überhaupt, in den Religionsunterricht ausgelagert. Mir fällt auf, dass Kinder und Jugendliche deshalb oft sehr wenig mit christlichen Glaubensinhalten bzw. einer ihrer Konfession entsprechenden Glaubenspraxis vertraut sind und, wahrscheinlich ihren Eltern ähnlich, nur wenig persönlichen Mehrwert in »Glauben« und »Kirche« sehen. Stattdessen entwickeln viele eine Art institutionsunabhängige Patchwork-Religion, die vor allem Elemente aus Buddhismus und Hinduismus (»Karma«, »Wiedergeburt«) aufnimmt, ohne sich aber darüber bewusst zu sein.

(2) Da Glauben und Kirche im persönlichen Leben der Menschen vielfach einen geringen Stellenwert haben, spielt das Thema »Kirchenbeitrag« in Zusammenhang mit Austritten eine große Rolle. Anders als in Deutschland gibt es keine »Kirchensteuer«, die automatisch vom Gehalt abgezogen wird, sondern einen dem jeweils eigenen Gehalt angepassten Beitrag, der nach Aufforderung der Gemeinden von ihren Mitgliedern jährlich selbst bezahlt werden muss. Daher ist die erstmalige Vorschreibung des Kirchenbeitrags für nicht wenige junge Menschen ein Grund, ihrer Kirche bzw. Gemeinde den Rücken zu kehren. Andere haben wiederum, wie sich gegenwärtig zeigt, so lange ihren Kirchenbeitrag gezahlt, solange sie als evangelische Arbeitnehmerinnen und Arbeitnehmer mit dem Karfreitag neben den allgemeinen staatlich anerkannten Feiertagen einen zusätzlichen freien Tag hatten bzw. an diesem Tag gegen Feiertagsentgeld zur Arbeit gingen. Aufgrund der Tatsache, dass aus politischen Gründen der Karfreitag als Feiertag für evangelisch und altkatholisch Gläubige mit dem Jahr

2019 wegfiel, steigt, zumindest vorerst, auch die Zahl der Kirchenaustritte in Wien signifikant an – denn was nützt mir mein Evangelisch-Sein, fragen sich offenbar viele, wenn ich diesen zusätzlichen Feiertag bzw. das meinen Kirchenbeitrag ausgleichende Feiertagsentgeld nicht mehr bekomme?

(3) Aufgrund der Minderheitensituation, in welcher sich die Evangelische Kirche in Österreich befindet, ist es oft schwierig, mit dem, was Evangelische Kirche und Identität ausmacht, die Öffentlichkeit zu erreichen. Wer in Österreich von »Kirche« spricht, hat die römisch-katholische Kirche vor Augen und keine Vorstellung davon, dass »Kirche« sehr vielfältig gelebt werden kann.

Grenzüberschreitungen

Deshalb sind aus meiner Sicht für eine Kirche der Zukunft in mehrfacher Hinsicht *Grenzüberschreitungen* wichtig und wertvoll – und auf verschiedenen Ebenen sogar ganz zentral. Kirche muss sich über sich selbst hinauswagen und bereit sein, sich immer wieder selbst infrage zu stellen, damit sie sich weiterentwickeln kann und so zukunftsfähig bleibt. Einige Beispiele möchte ich hierzu anführen.

Grenzüberschreitungen in der Sprache

Eine Kirche der Zukunft ist für mich in diesem Sinne an erster Stelle eine, die die Sprache der Menschen spricht und dabei trotzdem den christlichen Glaubensinhalten und dem theologischen Anspruch der universitären Ausbildung gerecht wird. Pfarrerinnen und Pfarrer, ehrenamtliche Gottesdienstleiterinnen und -leiter sowie Kirchenvertreterinnen und -vertreter auf allen Ebenen schaffen es, so von Glauben und Kirche zu reden, dass es die Herzen der Menschen und ihre Lebenssituationen erreicht. Sie verstecken sich nicht hinter Traditionen, Redewendungen und dogmatischen Floskeln. Sie sind bereit, sich von Traditionellem zu verabschieden, um Neuem Platz zu machen, so von Gott zu sprechen, dass Gott in der Frömmigkeit der Menschen zu mehr werden kann als der alte Mann mit Bart auf Wolke 7; zu mehr als der wandelnde Jesus-Superheld auf Erden mit schier un-glaublichen Superkräften; zu mehr als heiliges Gerede von Geistern und Engeln, das niemand versteht.

Inspirierend für mich persönlich sind, was theologisches Denken und Sprechen betrifft, der Theologe *Paul Tillich* sowie die Theologin *Dorothee Sölle*, die beide versucht haben, aus den Sprachmustern und -korsetten, in denen sich unsere christlich-theologische und kirchliche Rede von Gott oft bewegt, auszubrechen.

Dementsprechend versuche ich z.B., meinen Schülerinnen und Schülern der Sekundarstufe II möglichst verschiedene Möglichkeiten, Gott zu denken und von Gott zu sprechen, nahezubringen – und merke dabei immer wieder, dass besonders religions- und kirchenkritische Jugendliche Interesse an einem Austausch darüber haben. Mir ist es wichtig, dass junge Menschen erleben, dass auch Pfarrer*innen und Religionslehrer*innen Fragen stellen, um weiterzudenken, und dass Kritik üben und Zweifel haben erlaubt ist. Deshalb muss nicht alles akzeptiert und angenommen werden, was jemand anderer vorsagt oder glaubt. Mir ist wichtig, dass Menschen, mit denen ich über Religion und Glaube im Gespräch bin, erleben, dass Theologie mit Selbstständig-Denken zu tun hat und dass Glauben und Kirche auch etwas für Menschen sein kann, die der Welt aufgeklärt und kritisch gegenüberstehen. Denn immer wieder mache ich die Erfahrung, dass christliche Grundinhalte in der öffentlichen Wahrnehmung mit Rückständigkeit assoziiert werden. Gerade der Tod Jesu am Kreuz in seiner religiösen Deutung ist für viele Menschen sperrig. Besonders die Rede von Schuld und Stellvertreter-Tod wird in diesem Zusammenhang oft als negativ, die Menschen kleinhaltend und niederdrückend empfunden und daher in weiterer Folge christlicher Glauben insgesamt als überholt angesehen. Wie wichtig muss es da für uns als Kirche sein, in Predigt, Seelsorge, Unterricht und Öffentlichkeit legitime andere, zeitgemäße und nachvollziehbare Wege der Rede vom Kreuz unter die Menschen zu bringen.

Dementsprechend könnte Sprache, die nachvollzogen werden kann und zum Nach-Denken anregt, dazu führen, dass der eine oder die andere selbst sprachfähiger in Glaubensfragen wird. Sprache kann zu einer Wieder-Beheimatung von Gemeindegliedern führen, die umgekehrt dazu beiträgt, dass Einzelne nicht bei nächstbester Gelegenheit ihrer Kirche den Rücken kehren, sondern sich ihr und ihren Anliegen verbunden fühlen und Verantwortung für sie übernehmen wollen.

Mission einer Kirche der Zukunft nach innen und außen beginnt deshalb für mich mit Übersetzungsarbeit: mit mutigen Worten, unkonventionellen Gedanken und treffenden Formulierungen für das, was Menschen im Herzen bewegt.

Grenzüberschreitungen in Gottesdienst und kirchlichem Leben

Grenzüberschreitungen gilt es nicht nur in der Sprache, sondern auch in unseren Gottesdiensten und in unserem sonstigen kirchlichen Leben zu wagen.

Das Abendmahl. Wer feiert mit?

Dazu gehört für mich die Frage nach der Zulassung zum Abendmahl. 2002 wurde in Österreich das sogenannte »kinderoffene Abendmahl« eingeführt: Auch getaufte Kinder, so wie alle Getauften, dürfen am Abendmahl teilnehmen. In der Großstadt ist es allerdings nicht mehr selbstverständlich, dass Kinder in den ersten Monaten nach ihrer Geburt getauft werden. Oft liegt das daran, dass die Taufe als Familienereignis erst dann organisiert wird, wenn sich die neue familiäre Situation stabilisiert hat und das Kind ein Jahr oder älter ist. Immer wieder wollen Eltern auch ihre Kinder selbst entscheiden lassen, ob sie getauft werden möchten oder nicht. Diese Kinder sind dann bisweilen schon fünf, acht oder zehn Jahre alt, wenn sie zur Taufe kommen, manchmal noch älter. Auf den Satz »alle Getauften sind zur Feier des Abendmahls eingeladen« verzichte ich daher im Rahmen der Einleitung zum Abendmahl. Ich möchte Kinder nicht von etwas ausschließen, an dem sie selbst teilnehmen oder wohin ihre Eltern sie mitnehmen wollen, auch wenn sie nicht getauft sind. Denn welche Botschaft würde ich damit vermitteln? Wenn es nicht meiner, sondern Gottes Tisch ist, zu dem ich mit meinen menschlichen Worten einlade, wie kann ich dann die vorbehaltlose Gottesgemeinschaft aufgrund menschlicher Grenzziehungen verweigern?

In diesem Sinne sollen auch erwachsene Menschen, die am Gottesdienst teilnehmen und sich im Moment der Einladung zum Abendmahl in ihren Herzen angesprochen fühlen, ob aus seelischer Not, aus Freude an der Gemeinschaft, aus dem Bedürfnis, ohne eigenes Zutun beschenkt zu werden, sehen und schmecken, wie freundlich Gott ist. Kirche soll einladende Kirche sein und keine Unterschiede machen zwischen den Menschen. Immer wieder werden sich Neugierige, Traurige, Fröhliche, Junge und Ältere zu ihr hinbewegen in der Hoffnung, dort Annahme und Antworten zu erhalten. Sie sollen keine verschlossenen, sondern offene Türen finden.

Die Beerdigung. Wer wird bestattet?
Die Frage nach der Bestattung von Ausgetretenen bewegt sich in der Praxis in einer Spannung. Einerseits möchte Kirche den Wunsch eines Menschen, auch über den Tod hinaus nichts mit ihr zu tun haben zu wollen, respektieren. Andererseits erkennt sie an, dass die Angehörigen, die noch Teil der Kirche sind, das Bedürfnis haben, seelsorglich begleitet zu werden. Die Gründe für einen Kirchenaustritt sind vielfältig und können im Lauf des Trauergespräches mit den Angehörigen zur Sprache kommen. Sollte ein ehemaliges Kirchenmitglied weniger aufgrund seiner Überzeugung als z.B. wegen des Kirchenbeitrags oder eines Konfliktes mit einer bestimmten Pfarrperson ausgetreten sein, muss die Kirchenmitgliedschaft nicht zwingend als entscheidendes Kriterium gewertet werden, ob ein Mensch kirchlich bestattet wird oder nicht. Sollte sich allerdings im Gespräch mit Angehörigen herausstellen, dass der oder die Verstorbene tatsächlich aus innerer Überzeugung ausgetreten ist und bei ihnen dennoch der Wunsch nach kirchlicher Beglei-

tung ihres Abschiednehmens besteht sollten Formen gefunden werden, die diesem Wunsch entsprechen, ohne allerdings den Willen der Verstorbenen zu missachten.

Der Gottesdienst. Wie feiern wir?

In unserer – entschieden modern ausgerichteten – Gemeinde habe ich die Erfahrung gemacht, dass weniger klassische Liturgie oft mehr ist. Ein liturgisch niederschwelliges Gottesdienstgeschehen ist in der Großstadt, in welcher die Gottesdienstgemeinde erfreulich oft auch aus Menschen besteht, die nur selten Gottesdienste mitfeiern oder nur zufällig den Weg in eine bestimmte Gemeinde finden, essenziell. Wo ich einmal erreicht worden bin, fühle ich mich willkommen. Hingegen: Wo mir einmal alles fremd war, fremdle auch ich. Wodurch der eine erreicht wird und die andere sich fremd fühlt, darüber kann man zwar streiten, aber die Großstadt ist m.E. ein Umfeld, das nach modernen Gottesdienstabläufen und -konzepten verlangt.

So erinnere ich mich, als junge Theologiestudentin einen Gottesdienst mit meinem damaligen Freund besucht zu haben. Ich wollte ihm zeigen, was »evangelisch Gottesdienst feiern« heißen kann, im Unterschied zu den sehr traditionellen – in diesem Fall römisch-katholischen – Gottesdiensten, die er aus seiner Kindheit und Jugend gewöhnt war. »So anders ist es bei euch ja gar nicht«, war sein für mich damals enttäuschender Kommentar danach. Wir hatten einen aus meiner Sicht ungewöhnlich hochkirchlichen lutherischen Abendmahlsgottesdienst mitgefeiert, der so gar nicht meinen Erfahrungen und Erwartungen entsprochen und in dem ich mich auch selber nicht zurechtgefunden hatte. Dieses Ereignis war der Grund, warum ich keinen Anschluss an die Gemeinde finden konnte, zu der ich zu dieser Zeit formal gehörte. Und als es darum ging, wo in Wien die Fortsetzung meiner kirchlichen Ausbildung für mich vorstellbar war, spielte die damalige Erfahrung eine entscheidende Rolle.

Heute gestalte ich die Gebete und liturgischen Abläufe möglichst kurz, formelfrei und in moderner Sprache. Wenn jemand zum ersten Mal da ist, soll er oder sie sich angesprochen fühlen, sich wiederfinden und mitfeiern können. Über die Art, Gottesdienst zu feiern, soll spürbar werden, dass kirchlicher Raum ein offener Raum ist, wo Menschen zusammenkommen, bewegt von den Fragen des Lebens und geistlich lebendig. Das bedeutet für uns in Liesing auch, möglichst viele Gemeindeglieder am Gottesdienstgeschehen aktiv zu beteiligen, indem sie etwa die Lesung halten, Fürbitten formulieren und sprechen, einzelne liturgische Elemente übernehmen oder auch im Kreis sich gegenseitig das Abendmahl austeilen. Dabei geht es nicht in erster Linie um langgediente, »honorige« Gemeindeglieder, sondern um Menschen jeden Alters.

Ich wünsche mir und arbeite mit an einer Kirche, die keine Angst vor Veränderung hat und die gleichzeitig voller Überzeugung zu ihren Glaubensgrundlagen steht. Ich träume von einer Kirche, die anschlussfähig ist an das Leben der Menschen und sich nicht auf vermeintlich Unaufgebbares versteift. Und ich hoffe darauf, dass die Menschenfreundlichkeit Gottes sich im Leben möglichst all jener widerspiegelt, die ihre Kirche maßgeblich bewegen und gestalten wollen, so dass Kirche vor allem einladende Kirche ist.

KIRCHE IM DIGITALEN ZEITALTER

Wolfgang Loest

Ich wohne auf dem Land. Zugegeben, in der Lippischen Landeskirche gibt es viel Land, ein paar größere Dörfer und einige Städte. Das sind keine Großstädte, aber es reicht für einen deutlichen Unterschied zwischen Dorf- und Stadtgemeinden. Und auch sonst hat jede Gemeinde ihre Eigenheiten. Das gilt für anzutreffende Milieus, Gruppen und Kreise, Altersstrukturen und finanzielle Ressourcen.

Gottesdienste

Worin die meisten Gemeinden jedoch übereinstimmen, ist die Art des Gottesdienstes. Nicht, dass es keine besonderen Gottesdienste im Jahresverlauf gäbe, aber der normale Sonntagsgottesdienst bietet Orgelmusik, eine monologische Predigt, Lieder aus dem Evangelischen Gesangbuch und Bibeltexte aus der Lutherbibel. Und damit ist auch die Gottesdienstgemeinde an den meisten Orten gleich: Ein paar Konfirmandinnen und Konfirmanden, die nach ihrer Konfirmation im Gottesdienst vermisst werden, ein paar wenige Kirchenälteste und regelmäßige Kirchgängerinnen und Kirchgänger, die sich gewöhnlich im letzten Drittel ihres Lebens befinden. Auf die ganze Gemeinde gerechnet, erreichen wir mit dem Premiumprodukt »Gottesdienst« selten mehr als zwei Prozent. So weit so schlecht.

Ich frage mich, warum Kirche sich nicht viel mehr Gedanken um mögliche Zielgruppen macht. Ob nun aus Resignation (»Wir erreichen auch anders nicht mehr«) oder aus Gewohnheit, oder aus Unbeweglichkeit (»Aber dann vergraulen wir doch die, die jetzt wenigstens in den Gottesdienst kommen«). Das mag in jeder Gemeinde ein wenig anders sein – ein stumpfes, unreflektiertes Weitermachen wie bisher ist meiner Meinung nach in jedem Fall falsch. Dann passiert es nämlich, dass in mehreren Kirchen nebeneinander beispielsweise die Orgeln für fünf- bis siebenstellige Beträge renoviert werden, statt darüber nachzudenken, wenigstens eine Kirche davon musikalisch anders auszustatten.

Personal

In den nächsten Jahren werden derart viele Pfarrpersonen in den Ruhestand gehen, ohne genügenden Nachwuchs, dass nicht einmal mehr eine Abdeckung des vielbeschworenen pfarramtlichen Kerngeschäfts möglich sein wird, wenn sich nicht etwas Grundlegendes ändert.

Ich frage mich, warum es in vielen Gemeinden theologisch gebildete Gemeindepädagogen gibt, die nur in der Jugendarbeit eingesetzt werden und die sich irgendwann nach anderen Stellen umsehen müssen, sobald sie sich zu alt für Jugendarbeit fühlen. Eine weitere Frage, die mir auf dem Herzen liegt, ist, warum wir nicht viel mehr Prädikantinnen und Prädikanten ausbilden und einsetzen – mit vielfältigen Aufgaben. Als evangelische Kirche bietet uns die Theologie große Freiheiten dazu, und doch sind einige katholische Bistümer z.B. in Sachen Beerdigung durch Ehrenamtliche deutlich weiter – zumindest als in meiner Landeskirche. Meiner Meinung nach sollten wir jetzt Schritte in diese Richtung gehen, weil sie theologisch richtig sind, und nicht in ein paar Jahren aus Not.

Strukturen

In Lippe gibt es viele kleine Gemeinden, denen laut Pfarrstellenschlüssel keine ganze Pfarrstelle mehr zusteht. Diese Gemeinden werden nicht gezwungenermaßen fusioniert. Pfarrer oder Pfarrerinnen arbeiten so oftmals in verschiedenen Gemeinden gleichzeitig und allein. Dadurch gibt es viele Pfarrpersonen, die in ihren Gemeinden alles Anfallende tun müssen, weil sie die Aufgaben nicht gabenorientiert aufteilen können. Teilweise gibt es verbundene Pfarrstellen, bei denen sich zwei Gemeinden eine Pfarrperson teilen. Es fällt auf, dass Parochiegrenzen nicht nur in den Köpfen der Gemeindemitglieder einen hohen Stellenwert genießen, sondern ebenfalls in den Köpfen vieler Hauptamtlicher.

Digitalisierung

Wenn ich an Kirche der Zukunft denke, dann ist diese offen für alle Menschen und geht aktiv auf Menschen zu. Ich denke an eine Kirche, die in einer sich ständig ändernden Gesellschaft zu Hause ist und sich mit ihr ändert, damit sie weiterhin Menschen ansprechen und von ihnen verstanden werden kann. Ich träume von einer Kirche, die die frohe Botschaft in allen Straßen und Häusern, aber eben auch auf allen anderen Kommunikationskanälen verbreitet und kommuniziert. Eine Kirche, die den Menschen zuhört und mit ihnen gemeinsam versucht, im Licht des Evangeliums einen guten Weg zu finden. Ob das im Amtszimmer beim Seelsorgegespräch, an der Straßenecke, in der Kirche beim Gottesdienst, im Kommentarbereich eines YouTube-Videos, auf Twitter, als Instagram-Story oder im Teamspeak beim Spielen eines Computerspiels stattfindet, ist völlig egal. Hauptsache, es ist nicht nur eins davon. Ich denke, dass Kirche in den vergangenen Jahren massiv an Sprachfähigkeit verloren hat. Das hat sie nicht, weil die Botschaft unwichtig geworden wäre oder weil sie etwas verlernt hat. Sie hat vielmehr in der Ausdifferenzierung der Gesellschaft und im Prozess der Digitalisierung nicht schnell genug gelernt, ihre Sprache, Kommunikation und Ästhetik anzupassen. Hypes und Trends müssen zwar nicht unbedingt bedient oder mitgemacht werden, sind aber leichte Türöffner für Erstkontakte und ein Schlüssel für die Lebenswelt verschiedener Zielgruppen.

Dass sich etwa die durchschnittliche Aufmerksamkeitsspanne in den letzten Jahrzehnten drastisch reduziert hat, sollte Auswirkungen auf unsere Gottesdienste und unsere Predigten im Besonderen haben. Es sollte ebenfalls bedacht werden, dass in der Lebenswelt der meisten Menschen in den überwiegenden Kommunikationsformen ein Rückkanal zur Verfügung steht. Wo ist die Kommentarspalte zur Predigt oder zu der vielleicht unverstandenen Lesung? Die Kirchentür ist dabei definitiv die falsche Antwort für die meisten Menschen. Die jüngere Generation telefoniert ja nicht mal mehr außerhalb der Familie oder des innersten Freundeskreises, wie sollte sie sich da bei einer Face2Face-Frage an einen Pfarrer oder eine Pfarrerin im Aufbruchsgewusel nach dem Gottesdienst wohlfühlen?

Mein Traum ist eine Kirche, die im Leben der Menschen vorkommt und ihre Sprache spricht. Das bedeutet auch, dass »Kommunikation des Evangeliums« außerhalb vom Kirchgebäude stattfinden muss. Warum ist in den gängigen Stundenmodellen für Pfarrstellen Seelsorge, Gottesdienstvorbereitung und Konfirmandenarbeit selbstverständlich angegeben, aber keine Präsenz in den Sozialen Medien? Die Pfarrerinnen und Pfarrer, die ich kenne, die in den sozialen Medien unterwegs sind, berichten von positiven Erfahrungen in Bezug auf Mitgliederkommunikation. Das bietet darüber hinaus eine Kontaktfläche für Fernstehende. Es reicht meiner Meinung nach heute nicht mehr aus, regelmäßig auf den Märkten zu sein, im Dorf zu wohnen, oder in der Gemeinde einkaufen zu gehen. Die Marktplätze von heute sind die Sozialen Medien. Natürlich ist auch hier die Ausdifferenzierung vorangeschritten und man erreicht bei weitem nicht mehr das Gros der Internetuser bei Facebook. Deshalb ist es wenig sinnvoll, dass Gemeinden versuchen, in allen Netzwerken aktiv zu sein. Auch hier erscheinen mir Absprachen und Kooperationen hilfreich. Hier eine bloggende Pfarrerin und ein pinterestendes Kirchenvorstandsmitglied, dort ein twitternder Pfarrer und eine instagrammende Gemeindepädagogin und wieder wo anders ein snapchattender Jugendkreis und youtubender Vikar – Beispiele, die vielleicht schon beim Erscheinen überholt sind, weil sich die Welt der Social Media schnell ändert. Wie schön wäre es, wenn man auf diese Weise viele Zielgruppen gleichzeitig ansprechen könnte und durch die Vielfalt der Kommunikationsmittel eine viel größere Kontaktfläche in einer Region schaffte!

Will Kirche bei den Menschen sein, dann müssen Dienste wie die Telefonseelsorge und gerade im Hinblick auf das veränderte Kommunikationsverhalten der jüngeren Generationen die Chatseelsorge gestärkt werden. Man könnte ebenfalls darüber nachdenken, ein Format zu etablieren, das gerade spät abends, dann, wenn die existenziellen Fragen an die Oberfläche stoßen, für Menschen da ist – ob nun als Chat, Livestream oder in einem anderen Medium.

Kooperation

Gerade im ländlichen Raum, der durch demographischen Wandel und Strukturschwäche immer mehr Einwohnerinnen und Einwohner verliert, aber auch in urbanen Räumen gewinnt Kooperation an Bedeutung, die über eine Fusionierung von Gemeinden oder die Zusammenarbeit von direkten Kollegeninnen und Kollegen hinausgeht. Das meint eine umfassende Zusammenarbeit mit allen möglichen Partnerinnen und Partnern und auf allen Ebenen: Gemeindepädagoginnen und -pädagogen, die nicht nur klassisch in der Jugendarbeit eingesetzt und die über

Gemeindegrenzen hinweg angestellt werden, damit vernünftige Stellenumfänge möglich sind. Gemeinsame Kommunikationsstrategien für ganze Dörfer und Regionen von Gemeinden, Vereinen und Kommunen wären für alle Beteiligten eine große Erleichterung. Schon zwischen Gemeinden, Kirchenkreisen und Landeskirchen gibt es ein großes Potenzial, um Publikationsinhalte auszutauschen. In direkter Nachbarschaft ist dies noch wichtiger. In vielen Gemeinde-Schaukästen hängen Plakate von Veranstaltungen anderer Gemeinden, aber wo bleibt der gemeinsame Veranstaltungskalender auf Internetseiten und in Gemeindebriefen, oder das gemeinsame Veranstaltungstool, in dem Gemeinden Kartenvorverkauf, Bezahlung und Werbung (»Kulturinteressierte, die diese Veranstaltung besucht haben, interessieren sich auch für …«) erledigen können?

Ideal wäre die Etablierung einer Win-Win-Situation zwischen Kommune, Wirtschaft und Gemeinden, wie es etwa *Ralf Kötter* beschreibt. Sein Ansatz zu gemeinwesenorientiertem Gemeindeaufbau geht aber meiner Meinung nach nicht weit genug. Ein solches Konzept muss übergemeindlich gedacht werden. Es gibt genügend Beispiele von Kommunen, die mit entsprechenden Partnern der Landflucht entgegenwirken konnten, weil sie ein lebenswertes Umfeld geschaffen haben. Ein solches Umfeld zieht genügend Fachkräfte an, die die Wirtschaft für einen ländlichen Standort braucht, was wiederum ausreichende finanzielle Mittel für die Kommune generiert, um über Kirchengemeinden und Vereine ein lebenswertes Umfeld zu schaffen und auszubauen. Um einen solchen Prozess anzustoßen, ist die Kirche ein idealer Player, weil er standortgebunden und nicht gewinnorientiert arbeitet. Auf Dauer kann jedoch keine Gemeinde oder Pfarrperson die Aufgabe eines Regionalmanagers übernehmen und sich um die Koordinationsaufgaben kümmern.

Die Digitalisierung macht Zusammenarbeit an vielen Stellen deutlich einfacher als vorher. Etwa die Koordination von Aufgaben und Terminen, das Teilen von Inhalten und die sogar zeitgleiche Arbeit an gemeinsamen Projekten und Inhalten sind ohne nennenswerten Zusatzaufwand möglich. Im Gegenteil: Sobald die gemeinsame Infrastruktur etabliert worden ist, spart eine digitale Arbeitsweise Zeit, Geld und Ressourcen. Leider ist die Etablierung einer neuen Arbeitsweise gerade im kirchlichen Bereich ein langer Prozess, wobei auch noch vielfach übersehen wird, dass die meisten im Arbeitsleben stehenden Gemeindemitglieder (von den jüngeren ganz zu schweigen) sich schon längst auf digitalen Kommunikations- und Kollaborationswegen austauschen und manch althergebrachte Arbeitsweise von Kirchengemeinden als völlig unzumutbar veraltet ansehen.

Agilität

Eine gute Vernetzung untereinander und Arbeit, die vertrauensvoll auf viele Schultern und Professionen verteilt wird, scheint mir für die Zukunft ein wichtiger Faktor zu sein. Die Gesellschaft ändert sich, differenziert sich aus, und Trends und Hypes können kaum von einzelnen kleinen Gemeinden erkannt und genutzt werden. In einem größeren, multiprofessionellen Team jedoch, das idealerweise eine gute Schnittmenge verschiedener Altersstufen und Prägungen mit sich bringt, ist das Nutzen solcher Gelegenheiten einfacher. Die

Kirche kann ihre Verkündigung so viel leichter ihren Gemeindemitgliedern oder denen, die es werden sollen, im paulinischen Sinne anpassen: »Den Juden bin ich ein Jude geworden, den Griechen ein Grieche, den Digitalos ein Digitalo, ...«. Eine solche Anpassungs- und Sprachfähigkeit wird in der Kirche der Zukunft eine Schlüsselrolle spielen. Erst wenn wir als Kirche die Sprache der Menschen sprechen und auf ihren eigenen Kommunikationswegen mit ihnen in Kontakt treten, können wir gemeinsam mit ihnen sprachfähig im Glauben werden – in ihren Metaphern, mit ihren Vergleichen und mit ihren Worten. Deshalb wünsche ich mir eine Kirche, die flexibel ist und auf neue oder andere Anforderungen schnell reagiert. Dabei sollte sie sich nicht an Gebäude klammern, die den aktuellen Ansprüchen nicht genügen; nicht an Gruppen und Formaten festhalten, die nur noch aus Tradition existieren; und vor allem Neuem Raum geben – selbst wenn es ungewohnt, nicht auf den ersten Blick kirchlich oder nur ein zeitlich begrenztes Projekt ist. Gerade Letzteres scheint immer häufiger den Mitarbeitenden-Wünschen entgegenzukommen für eine begrenzte Zeit aktiv sein und dann auch wieder aufhören dürfen. Ehrenamtliche Arbeit in der Gemeinde soll Spaß machen und dazu gehört eben auch die Freiheit, diese Mitarbeit beenden zu können, ohne sich dem Unmut von Pfarrpersonen oder anderen Ehrenamtlichen auszusetzen. Das gehört zu einer guten Mitarbeitenden-Kultur, die es zu entwickeln gilt.

Ob es nun um die Kirche auf dem Land oder in den Städten geht: Auch in einer schnelllebigen Gesellschaft muss die Kirche das Pfund ihrer langlebigen Botschaft nutzen. Indem sie diese in einer der Gesellschaft bzw. Zielgruppe entsprechenden Sprache äußert und entsprechende Gemeinde- und Gemeinschaftsformen findet, kann sie Menschen mit der frohen Botschaft begeistern, weil es Anknüpfungspunkte in jeweiligen Leben gibt.

Es bedarf einer radikalen Hinwendung zu den Menschen, eine Offensive des Verstehen-Wollens und damit eine Abkehr von dem Gedanken, wir als Kirche hätten beispielsweise mit dem Sonntagsgottesdienst ein Produkt, das alle Menschen ansprechen müsste, wenn sie nur kämen. Es darf uns nicht darum gehen, Formen und Strukturen zu erhalten und weiterzugeben. Was zählt, ist allein das Evangelium. Erst, wenn wir den Menschen wieder »aufs Maul schauen« und sie verstehen, erst wenn wir daraus Konsequenzen ziehen und unsere Angebote und Strukturen entsprechend ändern – und nicht einmalig, sondern immer wieder –, erst dann haben wir eine Ecclesia semper refomanda. Heute würde man es vielleicht »Agile Kirche« nennen.

»WANN WIRD DENN MAL WIEDER SO ETWAS GEMACHT? DANN KOMME ICH AUCH!«

Nina-Dorothee Mützlitz

»Wir hätten fast aufgegeben«

»Wissen Sie, ich muss zugeben, in die Kirche gehe ich nur an Weihnachten. Es ist nicht so, dass ich nicht glaube, aber die Uhrzeit ist ungünstig. Sonntags möchten wir gerne in der Früh alle gemeinsam im Schlafanzug zuhause sein und die Zeit miteinander genießen. Und ganz ehrlich, mit Kindern fühle ich mich in der Kirche fast nie willkommen. Es ist auch einfach nicht das Angebot, das uns reizt. Selbst die Suche nach dem richtigen Weihnachtsgottesdienst hätten wir fast aufgegeben, weil es so grauenvoll war.«

Mit diesen oder ähnlichen Worten beginnen nach einer kurzen Begrüßung häufig die Taufgespräche. Nicht auf Nachfrage, nein, diese Sätze kommen meistens von ganz allein. Einerseits kann man daraus natürlich das schlechte Gewissen der Eltern heraushören. Andererseits wiegen diese Worte unglaublich viel: Die Eltern machen sich Gedanken, es fällt ihnen auf, dass sie nicht in die Kirche, nicht zum Gottesdienst gehen. Es macht etwas mit ihnen, dass sie diesen Gang erst einmal nicht brauchen. In der Regel ist es tatsächlich so: Es ist zwar keine grundlegende Abneigung gegenüber Kirche zu spüren, allerdings ist Kirche als solche nicht wichtig für sie. Kirche bringt den Menschen nichts. Sie ist nur eine von vielen Playern in der Gesellschaft einer Stadt, und der sonntägliche Gottesdienst (ob 9.30 Uhr oder 11 Uhr ist tatsächlich irrelevant) passt schlichtweg nicht in den Wochenplan – zumindest nicht regelmäßig. Dazu kommt, dass sich die junge Familie, die Zukunft der Kirche, im Gottesdienst selbst selten weder willkommen noch angesprochen fühlt. Und gleichzeitig mache ich bei allen Gesprächen die Erfahrung, dass die Taufe des eigenen Kindes ein absolutes Muss darstellt. Natürlich, weil es ein Fest geben soll. Aber auch, weil die Taufe des Kindes wichtig ist, wenngleich die Eltern selten beschreiben können, was dort passiert. Aber dass Gott mit seinem Segen beim eigenen Kind und seinem Lebensweg dabei sein soll, das steht außer Frage.

Eine Kleinstadt in Mittelfranken

Ich bin Pfarrerin in Herzogenaurach, einer Kleinstadt in Mittelfranken mit ca. 20.000 Einwohnern. Die Stadt ist durchaus als finanzstark zu bezeichnen, geprägt von den Firmen Schäffler, Adidas und Puma. Wie die Stadt als solche sind auch viele BewohnerInnen dieser Stadt durchaus finanzpotent, wenngleich es natürlich auch Menschen gibt, die mit wenig Geld auskommen müssen. Das prägt die Stadt und die Menschen, die hier leben. Herzogenaurach liegt vor den Toren Erlangens und Nürnbergs, beide Städte bieten ebenfalls eine gute Infrastruktur und viele Arbeitsplätze. Viele Menschen haben sich in den letzten Jahren Wohneigentum gekauft, und der Neubauboom geht weiter, was auch an den Kinderzahlen zu spüren ist. Es gibt sieben katholische, vier evangelische sowie zwei private Kindertagesstätten von Adidas. Die Tendenz ist steigend, der nächste Bau einer Kindertagesstätte ist bereits beschlossen, da die vorhandenen Plätze nicht ausreichen. Darüber hinaus gibt es viele Menschen in höherem Alter: Drei Seniorenheime existieren derzeit in Herzogenaurach.

Entsprechend einer Kleinstadt dieser Lage floriert auch das Vereinsleben. Es gibt viele Sport- und Musikvereine. Als zugezogene Eltern ist es geradezu überfordernd, den Verein für das eigene Kind zu finden. Herzogenaurach liebt das Feiern. Viele unterschiedliche Feste prägen das Jahr, auf denen sich die Stadt und ihre Gesellschaft präsentieren (Altstadtfest, Kirchweih, Öko-Fest, Mittelalterfest, Martini-Kirchweih, Weihnachtsmarkt, Kulturfestivals verschiedener Art u.v.m.). Auch die evangelische Kirchengemeinde wirkt bei diesen Festen intensiv mit.

Die Zukunft der Kirche, also die Menschen, die theoretisch diese Zukunft darstellen und mitgestalten könnten, sind in Herzogenaurach durchaus vorhanden. Allerdings kommen sie in der Regel nicht. Wie offenbar an vielen Orten in Deutschland muss auch in Herzogenaurach ein Umdenken bezüglich der Geh- und Komm-Struktur einsetzen. Wir beschäftigen uns derzeit mit genau dieser

Frage, und ich bin gespannt, wohin uns dieser Weg führt. Ich hoffe, in die Kirche der Zukunft.

So läuft's – oder auch nicht

Wir in Herzogenaurach überprüfen immer wieder den status quo unserer Gemeinschaft – Gott sei Dank. Viele Menschen wirken am Wachsen der Gemeinde mit, und so werden auch hier immer wieder neue Konzepte und Ideen ausprobiert. Im Folgenden skizziere ich meine Eindrücke:

Die Evangelische Kirchengemeinde als Träger von Kindertagesstätten
Ich halte es für einen Schatz, dass wir als Kirchengemeinde die Trägerschaft von vier Kindertagesstätten innehaben. So kann sich Kirche in der Gesellschaft zeigen und Kirche in der Gesellschaft sein. Mit meinem Stellenantritt vor drei Jahren habe ich eine Andacht (ca. 20 Minuten) in allen vier Kitas eingeführt, die einmal im Monat stattfindet. Die Wirkung ist groß. Die Kinder kennen mich als »unsere Pfarrerin«, sie sprechen mich auf der Straße im Beisein ihrer Eltern an und erzählen von den Andachten zuhause, so dass es tatsächlich zu zwei Kircheneintritten aufgrund der Erzählungen der Kinder zuhause kam. Auch die Präsenz bei Kita-Festen, Elternabenden etc. erfordert Arbeit, Zeit und Disziplin, schafft aber gleichzeitig Berührungspunkte und bringt Kirche direkt zu den Menschen. Im Juli vergangenen Jahres haben wir eine Geschäftsführung für die Kitas eingestellt, eingebunden in ein Pilotprojekt des Dekanats. Das ist nicht nur fachlich und qualitativ ein Gewinn, sondern

stellt auch für mich eine enorme Arbeitsentlastung dar, die wiederum Kapazitäten für andere Bereiche freistellt.

Weihnachten im Stall

Einen Weihnachtsgottesdienst in einem echten Stall feiern – das ist nichts Neues, aber wir haben es ausprobiert und die Menschen sind gekommen. Weil es stimmig, weil es romantisch, weil es für Kinder und Erwachsene anschaulich ist – so einfach, so basal, und hat doch eine große Wirkung. Die Menschen sprechen jetzt noch davon. Daraus entstanden ist das Gottesdienst-Projekt »Gottesdienste an anderen Orten«: Es finden nun in diesem Jahr sechs Gottesdienste an anderen Orten (u.a. Zahnarzt, Bücherei) statt.

Familiennachmittage: Familienzeit+

Im Jahr 2017 haben wir im Sommer einen Familiennachmittag auf einem Kinderspielplatz angeboten. Die TeilnehmerInnenzahl war nicht berauschend (knapp 20 Personen), aber das Bemerkenswerte war, dass es nicht die üblichen Teilnehmenden, sondern »fremde« Kinder und Eltern waren. Sie hatten über die Werbung in den Kitas davon erfahren und sind gerne gekommen. Die Rückmeldungen waren folgende: Es war eine runde Mischung, eine Mini-Andacht, viel Zeit zum Toben, Experimentieren und Spielen für die Kinder und zum Abschluss ein gemeinsames Picknick. In die Kirche wären sie nicht gekommen, aber auf den Spielplatz gehen sie ohnehin.

Familiengottesdienst: Familienzeit

2016 haben wir einen neuen Familiengottesdienst entwickelt und eingeführt: Sonntag, einmal im Monat, um 11 Uhr im Gemeindehaus. Der Anfang war recht bekräftigend, die Gottesdienste haben wir zunächst mit unseren Kitas zusammen vorbereitet und durchgeführt, weshalb automatisch die Eltern als BesucherInnen den Raum gefüllt haben. Allerdings kamen sie nicht wieder. Nach nun drei Jahren ist der Gottesdienst mäßig bis schlecht besucht, in der Regel von den Eltern und ihren Kindern, die ihn vorbereiten, und ein paar weiteren BesucherInnen. Hier zeigt sich deutlich, was die Eltern in den Taufgesprächen zurückmelden: Das Interesse ist nicht da, die Zeit ist ungünstig und der Gewinn ist zumindest so gering, dass es sich nicht lohnt, regelmäßig zu kommen.

Kindergottesdienst

Die Evangelische Kirchengemeinde Herzogenaurach bietet parallel zu beiden Sonntagsgottesdiensten um 9.30 Uhr in der Kirche und um 11 Uhr im Gemeindehaus jeweils einen Kindergottesdienst an. Es ist schon allein eine Herausforderung, Menschen zu finden und zu halten, die gerne die Kindergottesdienste vorbereiten und durchführen. Auch die Durchführung selbst ist nicht immer einfach, denn die teilnehmenden Kinderzahlen variieren stark (0–11 Kinder). Auf der einen Seite ist es großartig, dass Gottesdienstbesuchende immer davon ausgehen können, dass es einen Kindergottesdienst gibt, jedoch zeigt die andere Seite, dass dieses Konzept nicht mehr lange tragbar sein wird.

Bibel und Bier

Unter diesem Motto bietet ein Theologiestudent einmal im Monat einen offenen Hauskreis an, der sich in der hiesigen Brauerei trifft. Die Teilnehmenden (die Zahl variiert) diskutieren jeweils über ein vorgegebenes Thema und kommen so in den Austausch über Gott und die Welt. Dieses Konzept wird von einer weiten Altersspanne durchweg gut angenommen.

Diese sechs beschriebenen Situationen zeigen auf verschiedene Art, wie neue Ideen und Konzepte wunderbar funktionieren bzw. weniger gut angenommen werden.

Eventkirche

Meine Lösung heißt: Raus! Raus aus den sicheren, bequemen Gebäuden. Raus aus der Sicherheit und der Geborgenheit, die eine Kirche bzw. ein Gemeindehaus ohne Frage bietet. Raus aus der Erwartungshaltung: »Sie werden schon kommen, denn wir haben doch so viel zu bieten!« Ja, wir haben tatsächlich viel zu bieten: eine tragende Botschaft von einem Gott, der jeden Menschen annimmt, so wie er oder sie ist. Aber wie kann diese Botschaft, ihre Kraft spürbar werden, wenn sie die Menschen nicht erreicht? Insofern: Raus! Lasst uns diese umwerfende Botschaft zu ihnen bringen. So, wie alles angefangen hat. Aus diesem Anfang ist doch etwas Großartiges gewachsen.

So könnte man auch alte Ideen neu denken, etwa die Idee des Hauskreises. Nur, zu einem »Hauskreis« kommen die Menschen nicht, aber zu Tupper-Partys schon. Sie finden immer an abwechselnden Orten statt. Auch das oben beschriebene Konzept »Bibel und Bier« funktioniert nicht nur bei uns, sondern ebenfalls an anderen Orten. Letztlich ist so etwas nichts anderes als ein Hauskreis, eine Zusammenkunft von Menschen an einem bestimmten Ort (nicht der Kirche), um über ein bestimmtes Thema zu sprechen, nachzudenken, zu basteln oder was auch immer. Ich glaube, wenn wir hier genau hinschauen und überlegen, welche Formen von »Hauskreisen« es geben könnte, könnte viel entstehen: Bibel und Bier, Kind und Kegel, Beten – wie geht das? Die Treffen können einmalig oder auch mehrmalig angeboten werden, und man schaut, was daraus entsteht.

Die Frage, ob wir dann die Kirchengebäude überhaupt noch benötigen, ist natürlich weiterhin mit »Ja!« zu beantworten. Denn all diese Events oder auch die Gottesdienste an anderen Orten schließen ja Gottesdienste und Events in der Kirche nicht aus. Beides ist parallel möglich. Dennoch braucht es hier klare Entscheidungen: Wenn wir als Gemeinde z.B. einen Waldgottesdienst anbieten, darf es keinen parallelen Gottesdienst in der Kirche geben. Die Menschen, die ihn vermissen, und die, aus welchen Gründen auch immer, nicht zum Waldgottesdienst kommen können oder wollen, wird es in vergleichbarer Weise immer geben. Ebenso diejenigen, die nicht in die Kirche gehen. Beiden kann die Kirche ein Angebot machen, muss sie aber nicht mit einem Überangebot ersticken.

Meine Kirche der Zukunft hat immer offene Türen. Ich verstehe die Gründe, eine Kirche zu bestimmten Zeiten zu verschließen, und finde es dennoch schade, dass ich nicht immer, wenn ich möchte, in eine schöne Kirche gehen kann und dort einfach sein darf. Darüber hinaus muss das Kirchengebäude für andere Veranstaltungen wie Konzerte und Ausstellungen offenstehen. Die Player, die in jeder Stadt vorhanden sind, sollten sich zusammentun, zusammenarbeiten, um sich gegenseitig zu unterstützen und so gemeinsam zu gewinnen.

Unruhig, bunt, lebendig

Ich wünsche mir eine Gemeinde, wie ich sie in El Salvador erlebt und erfahren habe: 2001 war ich mit der Evangelischen Jugend München für einige Wochen in El Salvador. Geprägt von einer beeindruckenden Gläubigkeit leben dort die Menschen lutherischen Glaubens erfüllt in gänzlich anderen Zuständen, als wir sie in Deutschland kennen. Der Sonntagsgottesdienst ist ein großes Fest: Es gibt keine feste Gottesdienstzeit (das ist auch nicht möglich, weil die Menschen in der Regel kein Auto haben und der Bus nur fährt, wenn er fährt). Man kommt, wenn es klappt. Es wird gesungen, wenn gesungen wird, es wird gebetet, wenn es dran ist. Natürlich gibt es Menschen, die durch den Gottesdienst leiten, der Pfarrer und viele Ehrenamtliche. Aber auch Menschen, die nicht zu diesem Team gehören, gestalten den Gottesdienst mit. Jeder ist willkommen. Und das ist das Wunderbare und gleichzeitig so Fremde und Beeindruckende: Die Aussage, die sich vermutlich jede Gemeinde, egal welcher Richtung, in Deutschland auf die Fahne schreiben würde, ist hier wahr und wird gelebt: Jeder ist willkommen, jeder darf während des Gottesdienstes nach vorne gehen, um zu erzählen, zu beten, um mitzuteilen, was ihn oder sie berührt. Eine junge Frau hat von ihrem Abschluss der Ausbildung berichtet und die Gemeinde hat geklatscht und sich mit ihr gefreut, und ein anderes Mitglied ist nach vorne gegangen und hat für sie ein Gebet gesprochen. Keiner wird komisch angeschaut, weil er oder sie seltsam aussieht oder kein Geld für den Klingelbeutel dabei hat. Kinder laufen fröhlich durch die Reihen, gehen nach draußen und kommen wieder und niemand stört sich daran. Es war unruhig, bunt, berührend und im wahrsten Sinne des Wortes lebendig.

Ich wünsche mir eine Kirche der Zukunft, die den Mut hat, gewisse Vorstellungen und Ansprüche fallen zu lassen. Bei all den Angeboten und auch Ideen ist es wichtig, sich von dem Gedanken zu lösen: einmal gekommen und schon gewonnen. So ticken die Menschen, insbesondere junge Familien nicht. Es entspannt doch ungemein, wenn ich diesen Anspruch nicht habe, sondern mich auf das konzentriere, was angesagt ist. Kirche der Zukunft sein heißt auch, dass die Begeisterung über ein solches Event ausstrahlt, auch wenn am nächsten Sonntag nicht mehr Besucher in der Kirche sitzen. Stattdessen wird im Café am Markt davon erzählt und dann gefragt: »Wann wird denn mal wieder so etwas gemacht? Dann komme ich auch!« Ich wünsche mir eine Kirche der Zukunft, die der Zukunft selbst offen und zugewandt ist. Für diese Offenheit einzutreten erfordert Mut und Courage – für die Zukunft der Kirche sind diese mehr als nur gut investiert.

SELBSTVERSTÄNDLICHKEIT ALS HALTUNG

Martin Olejnicki

13, diese verflixt realistische Zahl

Unser Weinberg des Herrn liegt mitten in der anhaltischen Provinz zwischen der Bachstadt Köthen und Bernburg an der Saale. Die Kirchenmitgliedschaft ist für die neuen Bundesländer typisch niedrig. Das heißt konkret, dass wir von ökumenisch betrachteten 13 % reden. Es gibt in Anhalt keine Großstädte, daher liegt der Fokus des kirchlichen Handelns bei der Arbeit auf dem Land bzw. in der Kleinstadt. Die 13 Kirchengemeinden der Region Köthen-Nord befinden sich gerade – angestoßen von einem landeskirchlichen Strukturprozess – in Gesprächen miteinander. Ziel dieses Prozesses ist dabei die Gründung einer Arbeitsgemeinschaft von Kirchengemeinden, denen ein Verbund von Mitarbeitenden zugeordnet wird. Dieser Verbund soll aus Gemeindepädagog*innen, Kirchenmusiker*innen, Pfarrer*innen und Verwaltungsmitarbeiter*innen bestehen, die für 1100 Gemeindeglieder zuständig sind. Dies ist die Idee, die von der Synode und der Kirchenleitung verfolgt wird.

Kirche, Chor und Dorfgemeinschaft

In nicht allzu ferner Zukunft wird es immer noch Christ*innen hier in der Region geben. Sie treffen sich regelmäßig in Hauskreisen. Monatlich finden gemeinsame Gottesdienste in wechselnden Kirchgebäuden statt, die teilweise von Pfarrer*innen mitgestaltet werden – oder auch nicht. In einigen Kirchen hat sich eine Gebetsgemeinschaft gebildet, die mehrmals in der Woche zusammenkommt und für die Menschen der Region betet. Die Pfarrer*in wird als Gast zu diesen Gebeten eingeladen und bemüht sich, so oft wie möglich dabei zu sein. Es ist schön, wenn er oder sie es schaffen, aber es ist normal, dass das nur hin und wieder der Fall ist. Die Kirchenmusik hat besondere Bedeutung. Christ*innen und Nichtchrist*innen musizieren zusammen und kommen über die Musik und ihre Inhalte ins Gespräch. Manchmal lauschen sie einfach auch nur den leisen und lauten Tönen, manchmal sind sie berührt und inspiriert, manchmal gelangweilt und verkrampfen sich auf den harten Kirchenbänken. Aber die Erfahrung verbindet sie, formt eine Gemeinschaft.

In der Leitung der Arbeitsgemeinschaft sitzen Menschen, die Sehnsucht verspüren, Kirche weiterzuentwickeln. Sie erzählen sich von ihren Ideen und unterstützen sich gegenseitig bei der Frage, wie diese umgesetzt werden können. Diese Menschen müssen sich nicht um die Erhaltung der Gebäude kümmern. Dies liegt ganz in der Hand der Landeskirche, die diese und andere administrative Aufgaben der Kirchengemeinden übernommen hat. Dafür wurde vorher gemeinsam von den Kirchengemeinden entschieden, welche Kirchgebäude verkauft, welche umgewidmet werden können. Dieser Prozess war mitunter schmerzhaft und schwierig, wurde aber gemeinsam bewältigt. Bei der Entscheidung für oder gegen manch ein Gebäude stand dessen Nutzbarkeit im Fokus. Einige der im Besitz der Gemeinden verbliebenen Gebäude sind beheizbar und mit Küche und Toilette ausgestattet. Damit wurden besonders die älteren Gemeindeglieder und deren Teilnahmemöglichkeit an Veranstaltungen und Kreisen bedacht. Andere Gebäude dienen anderen Zwecken, manche sind Ruinen geworden, abgebrochen, unbeheizt. Sie verweisen aber auf etwas, lassen etwas Abwesendes anwesend sein. Sie markieren einen spirituellen Ort.

In den Kirchgebäuden finden neben den Gottesdiensten auch verschiedene Versammlungen, Treffen und Konzerte statt. Damit sind viele Kirchgebäude in den Dörfern der Region wieder zu Begegnungsorten und Zentren geworden. Die enge Zusammenarbeit mit den Vereinen und Institutionen auf den Dörfern hat in manchen Fällen zu einem geradezu freundschaftlichen Verhältnis geführt, das sich vor allem in gegenseitiger Unterstützung bei Veranstaltungen zeigt.

Der Alltag der Pfarrer*in ist dicht: Sie besucht Menschen zu Hause zu Geburtstagen oder seelsorglichen Anlässen, arbeitet mit den Lektor*innen und Prädikant*innen, entwickelt mit ihnen gemeinsam neue Gedanken zu theologischen Themen, coacht die neuen Lektor*innen und

Prädikant*innen bei ihrer Arbeit und unterstützt sie in ihrer geistlichen Entwicklung. Sie erarbeitet und hält Gottesdienste in der Region und erprobt gemeinsam mit den anderen Mitarbeitenden neue Gottesdienstformen und Verkündigungsevents. Immer wieder kommt es zu Erstaunen, da Kirche ganz anders wahrgenommen wird, als es viele Menschen bisher gewohnt waren. In der Adventszeit kommen die Menschen bei »Carols and Beer« zusammen: In einem Pub werden englische Weihnachtslieder gemeinsam gesungen und dabei Bier getrunken. Der Geist der Weihnacht verzaubert die Anwesenden. Die Pfarrer*in gestaltet im Wechsel mit anderen Mitarbeitenden das geistliche Leben der Gemeinschaft. Sie hält Andachten, plant Pilgerreisen und nimmt sich Zeit der Begegnung und des Gesprächs: Sie sorgt für die Seele. Die Pfarrer*in steht in regelmäßigem Kontakt mit den anderen Pfarrpersonen in den anderen Verbünden zu kollegialer Beratung und gemeinsamem theologischen Austausch. Zu manchen ist über die Jahre eine tiefe Freundschaft gewachsen.

Die Kirchenmusiker*in leitet die verschiedenen musikalischen Chöre und Instrumentenensembles in der Region. Außerdem ist sie regelmäßig in den Kindertagesstätten der Region, um dort mit den Kindern zu musizieren und ihnen die kirchenjahreszeitliche Liedtradition nahezubringen. Die Kinder lieben die Kirchenmusik und trällern die gemeinsam gesungenen Lieder noch tagelang vor sich her. Einige der ehrenamtlichen Kantor*innen erzählen liebend gerne davon, dass sie selbst bereits im Kindergarten davon geträumt haben, eines Tages die Orgel zu spielen. Bei diesen Geschichten fangen viele der Augen der Kinder in den Kindertagesstätten an zu leuchten –

und die Erzieher und Erzieherinnen schmunzeln, weil sie die Geschichten schon so oft gehört haben.

Was sich ändern muss

Auf dem Weg zu dieser Vision muss sich die Haltung innerhalb unserer Kirche ändern, wobei mir einige Aspekte besonders wichtig sind:

Da wäre zunächst eine pfarrer*innenzentrierte Versorgungsmentalität, die, wie folgt, umrissen werden kann: Viele Gemeindeglieder auf den Dörfern haben die Einstellung, dass Kirche nur da stattfindet, wo die Pfarrer*in anwesend ist. Sie ist natürlich verantwortlich, wesentliche Teile der Veranstaltungen vorzubereiten, und durchzuführen. Kurz könnte man dies auf die Formel »Wo kein Pfarrer, da keine Kirche« bringen. Diese Zentrierung hemmt neue Impulse. Eigene Ideen werden kaum geäußert, geschweige denn entwickelt. Diese Haltung, die ich theologisch für fragwürdig halte, ist vermutlich die hartnäckigste und wirkmächtigste. Ihre Transformation verspricht aber auch den durchschlagendsten Effekt auf eine positive Gemeindeentwicklung. Ein über Jahrhunderte tradiertes Pfarrer*innenbild zu ändern kann nur behutsam und vermutlich nicht ohne Schmerzen, insbesondere bei den älteren Gemeindegliedern und der Kolleg*innenschaft, geschehen.

Für die Kirchen der neuen Bundesländer ist ein zweiter Aspekt relevant. Oft hört man den Satz: »Der hat es sich leicht gemacht, wir aber sind in der Kirche geblieben.« Wer zu DDR-Zeiten zur Kirche gehören wollte, war oft staatlichen und gesellschaftlichen Widerständen ausgesetzt. Dies schuf eine Kultur des Misstrauens, die vielerorts heute noch wirksam ist. Lassen sich Menschen nach Jahren wieder einmal in der Kirche blicken, werden sie skeptisch bis ablehnend beäugt. Hier bietet sich die Chance, eine offene Kirche zu werden, die Menschen nicht nach ihrer Vergangenheit zu beurteilen, und wo es nötig ist, Vergebung zu leben. Auf diesem Feld muss mit hoher Sensibilität und Nachsicht agiert werden.

Abschließend noch ein dritter Punkt: Kirche muss aufhören, ständig auf Zahlen zu schielen. Wie viele Menschen auch immer sich taufen lassen – Kirche ist Kirche für andere. Sie leistet Dienst an der Gemeinschaft, weit über die Gemeindegrenze hinaus. Ich sehe gerade diese Haltung als einen Schlüssel zu den Menschen in unserer Region. Machen wir uns klar: Kirche wird hier und heute häufig nicht mehr ablehnend, sondern gar nicht mehr wahrgenommen. Zwar steht in fast jedem Dorf die alte Kirche, dennoch können sich die meisten Menschen kaum vorstellen, wofür eigentlich. Kirche kann ein neuer Ort der Begegnung werden. Auch die stark zurückgehende dörfliche Kultur, die vor allem von gemeinsamen Festen geprägt war, könnte ein neues »altes« Handlungsfeld werden. Kirche wird damit zu einer Kirche für alle und erfüllt so den Auftrag »gehet hin in alle Welt« (Mt 28).

WENIGER GEDÖNS, MEHR SEGEN

Holger Pyka

Armut

Die Kirche der Zukunft wird weniger besitzen. Deswegen muss sie sich notgedrungen Dinge von anderen leihen und hinterher verwandelt zurückgeben: Die eine Gemeinde, die überhaupt keine Gebäude mehr besitzt, mietet sich für kürzere oder längere Zeiträume irgendwo ein: In leerstehende Fabrikhallen oder Ladengeschäfte in Coworking-Spaces, Schulgebäude und Privatwohnungen. Überall dort finden Begegnungen statt. Mit anderen Gästen auf Zeit, mit Vermieterinnen und neuen Nachbarn, von denen die einen oder anderen mehr darüber wissen wollen, was sie dort eigentlich genau macht. Das ist nicht nur leicht. Wenn ins Gemeindebüro ein Versicherungsvertreter, in die barocke, längst entwidmete Kirche ein Gourmetrestaurant eingezogen ist und auf dem Grundstück, wo früher das Gemeindezentrum war, Mehrfamilienhäuser stehen, dann gibt es auch nach Jahren bei jedem Dran-vorbei-Gehen einen Stich ins Herz. Aber wenn die Gemeinde von ihren temporären Behausungen weiterzieht, lässt sie etwas von sich zurück. Ein Bild an der Wand, ein bisschen Kerzenruß an der Decke, wo der provisorische Abendmahlstisch stand, eine absichtlich oder unabsichtlich vergessene Bibel, das Echo von Gebeten und Liedern, das auch nach ihrem Weggang ganz leise nachhallt. Das verändert die Räume und die Menschen, die nach ihnen dort einziehen. Diese Gemeinde wird viel lernen über Gastfreundschaft und ständiges Unterwegssein, sie wird ihre Umzugsskills perfektionieren, ihr Gepäck weiter reduzieren. Sie wird sehr hellhörig werden für die Geschichten, die verschiedene Orte zu erzählen haben. Mit der Zeit wird sie nicht nur dorthin gehen, wo Platz für sie ist, sondern immer besser erkennen und unbürokratisch dorthin gehen, wo sie gebraucht wird.

Eine andere Gemeinde hat ihre Kirche behalten können. Weil sie sich deswegen keinen Organisten mehr leisten kann, lädt sie wechselnd andere Musikerinnen ein, die den Gottesdienst mitgestalten: eine Harfenistin, einen ehemaligen Sologeiger aus der Ukraine, der sonst in der Fußgängerzone für Kleingeld spielt, manchmal auch einen Alleinunterhalter mit Keyboard. Sie alle werden in ihren Alltag zurückkehren mit einer Predigt im Ohr, einem Gebet im Herzen oder Segen im Haar. Irgendjemand von ihnen wird vielleicht unter diesen Eindrücken ein neues Lied schreiben. Wenn sich niemand findet, singt die Gemeinde a cappella – das geht mittlerweile sogar wieder vierstimmig, weil man aus der Not eine Tugend gemacht hat. Die vierstimmigen Sätze kommen von einer dritten Gemeinde. Dort ist ein ordinierter Kantor der einzig hauptamtlich Mitarbeitende. Er leitet einen großen Figuralchor, einen Gospelchor, mehrere Kinder- und Jugendchöre. Die Gottesdienste finden an wechselnden Werktagen abends statt, immer angedockt an die Probe des jeweiligen Chores, der den Gottesdienst mit vorbereitet hat. Die Kirche der Zukunft wird, wahrscheinlich auf die harte Tour, weil Leiden ja immer einfacher ist als Verändern, gelernt haben, dass flächen- und zahlenmäßig unüberschaubar riesige Räume nicht gestaltbar sind und Zentralisierung jenseits der rein administrativen Ebene Entfremdung bedeutet.

Die Kirche der Zukunft wird arm sein. Immer noch reicher als ein Großteil ihrer Schwestern rundum in der Welt. Aber deutlich ärmer als jetzt. Sie wird weniger Mitglieder haben, dadurch weniger Geld, weniger Gebäude, weniger Mitarbeitende, weniger Strukturen. Sie wird wund sein von all den Abschieden, die es zu gestalten gilt, die aber manchmal eben nicht konstruktiv zu gestalten, sondern nur zu überstehen sind.

Aber die Kirche der Zukunft wird gelernt haben. Von *Marie Kondo* oder anderen Aufräum-Gurus, von Minimalisten wie *Franziskus*, *Benedikt* und *Jesus*: Über Entrümpeln als spirituelle Übung. Über die Belastung, die mit Besitz einhergeht. Und über die Freiheit und Klarheit, die am Ende stehen. Die US-amerikanische Schriftstellerin *Anne Lamott* hat einmal gesagt: »Es liegt eine Freiheit darin, ganz unten anzukommen, einzusehen, dass man selbst nichts retten kann. Erleichterung in dem Einverständnis, am Ort des großen Unwissens angekommen zu sein. Dort kann Erneuerung beginnen. It's exhaustive. It's crazy-making.« Hell yeah! Selig sind die Erschöpften und die Verrückten, denn sie werden am Ende der eigenen Kräfte und eigenen Lösungen Gottes Wirken erleben. Und selig sind die Toten, denn sie werden auferstehen. Verwandelt, und vielleicht kaum wiederzuerkennen.

Weil die Kirche der Zukunft ärmer ist, begegnet sie den Geschwistern der Ökumene mit neuer Aufmerksamkeit. Weil sie von ihnen etwas lernen kann. Über das Leben als Minderheit. Über Missionsstrategien und alternative Finanzierungsmodelle. Über die Unterscheidung zwischen Pflicht und Kür, Zentrum und Peripherie, Lebensmittel und Chichi. In diesen Gesprächen merkt sie, dass sie einiges, was sie aufgegeben hat, gar nicht vermisst. Und sie ist sich ihrer eigenen theologischen Tradition anders bewusst als zuvor, wenn sie sich an freikirchlichen Organisationsstrukturen orientiert, ohne deren Enge in Ethik und Theologie gleich mitzuübernehmen. Von den Geschwistern der Ökumene lernt die Kirche der Zukunft auch, misstrauisch zu sein gegenüber aller Glorifizierung von Armut. Das macht sie auf neue Art empfindsam und dünnhäutig für die sozial Schwachen in ihrer Umgebung.

Weil die Kirche der Zukunft auch deutlich ärmer an Strukturen ist, muss sie neu lernen, wie presbyteriale und synodale Entscheidungsprozesse unter veränderten Bedingungen gestaltet werden können. Dafür holt sie sich keine Empfehlungen mehr von Wirtschaftsberatern – die haben das Interesse sowieso längst verloren –, sondern lässt sich inspirieren von Ecovillages oder urbanen Experimentierräumen und veranstaltet, je nach Profil, Barcamps, World Cafés, Open Spaces, IdeenTreffs oder KnowledgeLabs. Manchmal auch eine Sitzung. Aber eher selten. Ihre Entscheidungs- und Leitungsstrukturen sind fluider. Die Oberkirchenrät*innen der Landeskirchenämter sind Expert*innen für solche Prozesse und wirken segensreich als Moderatorinnen und Multiplikatoren.

Auf dem Weg ins Pfarramt, der längst nicht mehr für alle klassisch direkt nach dem Abitur beginnt und über drei Sprachen und die theologischen Bachelor und Master-Examen führt, muss neben allem anderen eine solide Pastoraltheologie errungen werden, die die wenigen Pfarrerinnen und Pfarrer und andere theologisch Mitarbeitenden weitgehend immun macht gegenüber aller Hybris, für die Berufsgruppen in der Minderheit so anfällig sind. Genauso, wie die einzelnen Gemeinden vor der Herausforderung stehen, nicht zur ecclesiola incurvata in se, zum in sich verkrümmten und selbstreferenziellen Interessenverein zu werden, ohne Kontakt und ökumenisches Bewusstsein für andere, die ihr Christsein so anders leben als sie selbst.

Keuschheit

Die Kirche der Zukunft wird keusch sein. Das heißt hoffentlich nicht, dass sie die sexualethischen Rückwärtssalti vieler gesellschaftlich dominanter Milieus mitspringt. Aber sie ist keusch im eigentlichen Wortsinn von *conscius*: Sie ist sich ihrer Sendung, ihrer Identität und ihres Auftrags *bewusst*. Das macht sie enthaltsam. Zum Tanz auf dem großgesellschaftlichen Parkett wird sie nur noch selten aufgefordert, und wenn, dann schaut sie sich genau an, an wessen Brust sie sich da schmiegen soll, wer sich mit ihr schmückt, wer sie in irgendeine Ecke drängen will und wer überhaupt die Führung übernimmt. Manchmal sitzt sie traurig am Rand, hält sich an ihrem Wasserglas fest und denkt mit ein bisschen

Sehnsucht an goldene Zeiten zurück, in der sie einen selbstverständlichen Platz auf der Gästeliste, vielleicht sogar einen Ehrenplatz hatte. Und Geld für angemessene Kleidung. Kritzelt gedankenverloren ein paar Sätze auf eine Serviette, Entwürfe für eine Stellungnahme, vielleicht sogar eine Denkschrift zu irgendwas. Dann knüllt sie das Papier zusammen und schnippt es auf den Boden. Wer sollte so etwas lesen? Wer hat so etwas je gelesen? Vielleicht setzt sich jemand in teurer, schon leicht ramponierter Kleidung neben sie, lehnt sich zu ihr herüber, fordert sie mit weingeschwängertem Atem zum Tanz auf oder zu einer Kaffeefahrt ins Christliche Abendland. Sie verneint, freundlich, aber bestimmt. Und hilft beim Aufwischen, als er beim Aufstehen sein Weinglas verschüttet. Hört neben sich Leute in kleiner Runde flüsternd große Politik machen, und denkt noch einmal mit etwas Sehnsucht an die Zeiten zurück, als sie bei solchen Runden mit dabei war. Und wundert sich. Warum sie eigentlich nicht mehr gemacht hat, als sie es noch konnte. Warum sie nicht mit ihrem ganzen Gewicht als zweitgrößte Arbeitgeberin des Landes und Großkundin von Großkonzernen in den Ring gestiegen ist und für faire Arbeitsbedingungen und nachhaltiges Wirtschaften mit harten Bandagen gekämpft hat? What would Jesus do? Tische umschmeißen und rumbrüllen hätten doch auch seiner geschmückten Braut gut angestanden. Zumindest manchmal. Dort, wo es sonst keiner macht. Das fällt ihr leichter als früher. Sie passt in viele gesellschaftliche Zusammenhänge nicht so ganz rein, wirkt ein bisschen verschroben und derangiert. Aber das ist nicht schlimm. Das bringt sie leichter ins Gespräch mit denen, die selber nirgendwo so richtig reinpassen.

Das Tanzen wird sie nicht verlernt haben. Wie könnte sie auch, wenn sie sich weiter zum dreieinen Gott bekennt, der in sich selbst Perichorese, Tanz und Bewegung ist. Nur die Gesellschaftstänze mit ihren festgelegten Rollen und vorgeschriebenen Schrittfolgen und Figuren, die hat sie weitgehend aufgegeben. So enthaltsam die Kirche der Zukunft auf der einen Seite ist, so wild und leidenschaftlich, wie Gott selber, ist sie in anderen Zusammenhängen. Und sie hat Spaß daran, aus der Reihe zu tanzen, gegen den Takt, so, als ob niemand zusähe.

Enthaltsam, wie sie ist, wird die Kirche der Zukunft gelassen zurückblicken auf Jahrzehnte des Aktionismus, und sich mit einigem Staunen fragen, woher die Kraft und die Zeit kam, auf immer mehr Züge aufzuspringen, immer mehr Angebote für meist dieselben Leute zu machen. Enthaltsam, aber nicht verschlossen, wird sie offen sein für neue Kooperationen und die Räume, die noch vorhanden sind. Sie wird sich öffnen für Menschen und Initiativen, die etwas bewegen wollen, ohne dass sie sich gleich jede Idee selbst zu eigen macht. Im neugierigen Miteinander wird sie neue Menschen kennen lernen und sich in Gespräche verwickeln lassen. Und überhaupt: staunen. Das wird sie neu lernen oder wiederentdecken. Weil es dafür Ruhe braucht und Fortschritt im Schildkrötentempo, den Blick in die Sterne und das Händefalten (*Rilke*).

Gehorsam

Die Kirche der Zukunft wird nicht hörig sein, aber hörend. Sie wird neu und anders, intensiver und offener als bisher in der Weite der Schrift unterwegs sein, wenn in den seltensten Fällen Perikopen vorgegeben sind, wenn niemand mehr den Konfirmationsspruch eines Verstorbenen kennt oder Gottesdienste an verschiedensten Orten jenseits von sonntäglicher Kerngemeinde und liturgischem Kalender stattfinden.

Das braucht eine andere Art der Hermeneutik. Und sie wird spannende Dinge hören und lesen. Vielleicht wird sie das biblische Sabbatgebot neu entdecken, und diesmal wirklich als Gebot, nicht als theoretisch ganz reizende Anregung oder schöpfungstheologische Träumerei, die gegen das »richtige Leben« keine Chance hat. Im kirchlichen Amtskalender wird der Sonntag geschwärzt sein, schon ab dem Samstagabend, wenn drei Sterne am Himmel zu sehen sind, damit nicht ein einziger Termin dort eingetragen werden kann. In einer Gesellschaft, in der Sonn- und Feiertagsruhe weitgehend Rechtsgeschichte sind, wird sie das zu einem Zufluchtsort machen, zu einem der wenigen verbliebenen Räume, in denen man in der Stille sein eigenes Herz und Gott sprechen hören kann, ohne zu brüllen. Sie wird ganz neu auf die Briefe des Neuen Testaments hören, neugierig sein auf das, was kleine, von innen und außen gefährdete Gemeinden zu erzählen haben, weil sie ihnen zum ersten Mal wieder so nahe ist wie seit der konstantinischen Wende nicht mehr. Oder zumindest seit dem 19. Jahrhundert.

Und sie wird von Paulus, Johannes und anderen lernen, die theologischen, christologischen und ekklesiologischen Dimensionen ihres Gemeindeseins in allen seinen Irrungen und Wirrungen freizulegen. Weil sie als kleinere, ärmere und enthaltsamere Kirche weniger Aufträge von außen erhält und insgesamt ein bisschen mehr Zeit hat, weil sie in alldem deutlich beweglicher geworden ist, wird sie empfänglicher sein für das göttliche »Go!«, das die biblischen Geschichten durchzieht. Sie wird mit neuem Interesse die Aussendungsreden Jesu lesen und für sich neu durchbuchstabieren, was »Heilen« und »Dämonen austreiben« heißt, weil sie im Hören auf die Schrift auch neu entdeckt hat, dass Glauben mehr ist als Weltanschauung und viel mit körperlicher, greifbarer, wenn auch zugleich kontingenter Erfahrung zu tun hat.

Zu den zentralen pastoralen, aber längst nicht auf Pastorinnen beschränkten Handlungsformen, zu den Gesten, an denen Christinnen und Christen erkannt werden, werden daher Händefalten und Händeauflegen, Schweigen, Singen und Brotbrechen gehören. Die Kirche der Zukunft wird die Geschichte vom wandernden Gottesvolk mit ihren eigenen Wüstengeschichten zusammenlesen und dadurch glaubwürdig und gleichzeitig verstörend sein. Wenn sie im gesellschaftlichen Diskurs etwas beizutragen hat, dann ist es einerseits die geballte Lebensweisheit, die aus einem konstruktiven und reflektierten Umgang mit der eigenen Geschichte resultiert: Die Kirche der Zukunft wird sich mit der Kirche der Vergangenheit verbunden wissen und daher einiges sagen können über den Umgang mit Verschiedenheit, mit eigener Schuld, über die Gefahren von Machtmissbrauch und Möglichkeiten ihrer Überwindung. Und andererseits wird sie auch andere Geschichten zu erzählen haben: Vom Getragen- und Beflügeltsein, von Wasser, das sich in Wein verwandelt, von Wundern, die dort geschehen, wo menschliches Engagement an seine Grenzen kommt. In Enthaltsamkeit und im aufmerksamen Hören wird die Kirche der Zukunft »irreparabel verwundert« (*Karl Barth*) sein. Aus dieser Erfahrung heraus kann sie anderen Menschen etwas nahebringen über Hoffnung, die erst hinter dem eigenen Horizont beginnt.

Glitzer

Die Kirche der Zukunft wird ein Glitzern in den Augen haben. Manchmal, weil sie Tränen in den Augen hat, weil sie so verdammt dünnhäutig geworden ist, so empfindlich für alles, was nicht gut ist in der Welt und was eigentlich anders gemeint war und anders sein soll. Und weil sie aufgegeben hat, sich dafür zu schämen. Und manchmal, weil sie weiß, was es heißt, aus der Vergebung heraus zu leben. Ihre Heimat, ihr Ursprungs- und Existenzort, ihre Arche ist der Raum, den Gottes Wort eröffnet: Dir sind deine Sünden vergeben!

In der Kirche der Zukunft wird anders gepredigt werden. Konkreter. So, dass dieses Wort zur Erfahrung wird. Und man wird so predigen, dass die, die zuhören, von ihren eigenen Erfahrungen erzählen können. Ohne Scheu, auch ohne Druck und Schönfärberei, aber mit Glitzern in den Augen. Die Kirche der Zukunft wird getragen sein von Menschen, die unaufgeregt und bodenständig von Gott erzählen können, am Arbeitsplatz, in der Familie, am Tresen. Die gottesdienstlichen Gebete werden anders klingen, weil sie mit einem zuhörenden Gegenüber rechnen, das seine Welt nicht einfach so sich selbst überlässt. Und die Kirche erst recht nicht. In der Kirche der Zukunft wird ein Sprachregister gepflegt, das es bislang im Deutschen nicht gibt und das es ermöglicht, genau so von Gott zu sprechen: Konkret, anschaulich, auf einem neuen Weg zwischen abstrakter Gelehrsamkeit, purer Poesie und kirchlicher Betulichkeit.

In der Kirche der Zukunft wird auch Seelsorge anders funktionieren. Schon allein deswegen, weil sie nicht nur Aufgabe der wenigen Hauptamtlichen ist, sondern wie vieles andere ehrenamtlich geleistet wird. Und auch, weil vieles, was bislang noch von Seelsorgerinnen geleistet wird, mittlerweile von den unzähligen Coaches, Beraterinnen und anderen Profis getan wird. Von ihnen kann die Kirche der Zukunft einiges lernen an Techniken und Handwerk, an Fragestellungen und Arbeitsmethoden. Sie wird gleichzeitig neue Klarheit darüber gewinnen, was ihr höchst Eigenes ist, das, was sonst niemand kann. Oder zumindest wenige tun: Beten. Segnen. Gott ins Gespräch bringen.

Die Kirche der Zukunft wird weit mehr Kasualien kennen als die Kirche der Gegenwart, weil sie im aufmerksamen Hören auf die Schrift und im theologischen Nachdenken gelernt hat, dass Segen an allen Bruchlinien des Lebens dringend nötig ist. Sie wird keine Angst haben, dass er weniger wird, wenn sie ihn großzügig verteilt: beim Einzug in eine neue Wohnung oder ins Altersheim, beim Beginn einer Ausbildung, bei beruflicher Neuorientierung, beim Eintritt in den Ruhestand, bei der OP zur Geschlechtsanpassung, bei der Geburt oder dem Auszug eines Kindes, bei Trennungen egal welcher Art, wann auch immer. Die Pfarrerinnen und Pfarrer werden kluge Ritualdesigner sein, die zugleich nicht alles neu erfinden müssen, sondern längst vergessene Schätze aus den Traditionen der Kirche heben. Und sie werden ihre Gemeindepädagogik daraufhin ausrichten, dass die Mitglieder ihrer Gemeinde den Segen zurück in die Hand bekommen und ihn großzügig verteilen.

Die Kirche der Zukunft wird ärmer sein, keuscher und gehorsamer. Ich habe großen Respekt vor all dem, was kommt. Und ein bisschen Angst. Aber ein bisschen freue ich mich auch drauf. Auf das Entrümpeln, das Hören. Das Glitzern. Die Kirche der Zukunft wird gesegnet sein, und sie wird ein Segen sein.

DIE SÄCHSISCHE KIRCHE ZWISCHEN GESTERN UND MORGEN

Mandy Rabe

Eine Liebesbeziehung

Ich liebe meine Kirche. Das brachte mir schon manches Kopfschütteln ein. Doch es ist wahr: Ich liebe meine Kirche: die Evangelisch-Lutherische Landeskirche Sachsens. Ohne sie würde mir etwas fehlen. Nicht nur mein Beruf. Es ist viel existenzieller Gott würde mir fehlen! Denn in dieser Landeskirche lernte ich Gott kennen. Hier wurde ich getauft. Hier besuchte ich den Kindergottesdienst und die Christenlehre. Hier wurde ich konfirmiert und entschied mich fürs Theologiestudium. Auf ganz eigene Weise bin ich mit ihr verbunden, denn sie machte mich zu der Person, die ich bin. Sie machte mich zu einem Teil ihrer Zukunft.

Wie mag diese Zukunft aussehen? Ich gebe zu, mit Science-Fiction und Utopia kann ich nichts anfangen.

Meine Zukunft braucht Orte und sie braucht Herkunft. Meine Zukunft braucht Geschichte. Meine Kirche der Zukunft verdankt sich ihrer Geschichte, ist Teil ihrer Geschichte und weiß sich zugleich verortet in die Geschichte Gottes mit den Menschen.

Was sich recht simpel anhört, birgt zweierlei Gefahren, die beide zur gegenwärtigen sächsischen Realität gehören:

Zum einen die Gefahr des Traditionalismus, also über der Hochschätzung der Vergangenheit die Zukunft zu ignorieren. Zum anderen die Gefahr der Geschichtsvergessenheit, die dem Eifer entspringt, die Inhalte der Vergangenheit jenseits überkommener Formen ins Morgen zu retten. Während der Traditionalismus in der Geschichte verharrt, entledigt sich die Geschichtsvergessenheit der Verantwortung für das anvertraute Gut. Beide geben damit die Verortung der Kirche in der überzeitlichen Geschichte Gottes mit den Menschen auf. Um diese Gefahren zu vermeiden, wird es für die Zukunft der Kirche nötig sein, Tradition und Innovation miteinander zu verbinden.

Größer als in Wirklichkeit

Der Ort, wo die Verbindung zwischen Geschichte und Zukunft am deutlichsten hervortritt, sind für mich Kirchgebäude als steingewordene Gott-Mensch-Geschichte. Wenn ich mir meine Kirche der Zukunft vorstelle, dann sehe ich romanische Dorfkirchen, gotische Hallenkirchen, barocke Schmuckstücke, funktionale Neubauten und liebevolle Zwischenlösungen. Orte, an denen der Alltag unterbrochen wird, an denen die Seele

Raum zum Atmen findet. Orte, an denen Menschen Gott begegnen: im Gebet, im Abendmahl, in der Gemeinschaft mit anderen, im Hören auf Gottes Wort. Orte, an denen Menschen Resonanz erfahren und Lebenssinn finden. In diesen Kirchen höre ich himmlische Klänge, wunderbare Orgelmusik aus verschiedenen Jahrhunderten, ich höre Menschen singen und die Steine vibrieren im Rhythmus von Schlagzeug und Gitarren. Musik in Kirchen klingt anders. Die Besonderheit des Ortes beeinflusst die Wahrnehmung. Wenn ich Kirchen betrete, dann werde ich hineingenommen in die Gottesgeschichte in Raum und Zeit. Vergangenheit, Gegenwart und Zukunft sind hier präsent. Ich werde Teil einer größeren Wirklichkeit. Meine eigene Begrenztheit ist hier aufgehoben in göttlicher Weite. Mein Traum ist, dass diese Orte zugänglicher werden. Denn eine Kirche ist kein potemkinsches Dorf, bei dem es nur auf die äußere Fassade ankommt. Kirchen dürfen nicht nur wegen der Silhouette einer Stadt oder eines Dorfes erhalten werden. Man muss hineingehen können! Ich träume von Kirchen, die geöffnet sind, und von Menschen, die diese Kirchen dann auch aufsuchen, für Gottesdienste und Konzerte ebenso wie für Momente der Stille vor Gott. Vielleicht früh auf ihrem Weg zur Arbeit, nach der Arbeit auf dem Heimweg oder während der Mittagspause. Es könnte jede*r eigene Zeiten finden und wäre nicht auf Öffnungszeiten angewiesen, auch nicht darauf, erst an einer anderen Tür zu klingeln und den Kirchenschlüssel zu erbitten. Eine Aufsichtsperson für die offene Kirche kommt in meinem Traum nicht vor. Warum sollte sie das Beten überwachen? Oder ist das Kunstgut in den Kirchen wichtiger als die Beter*innen? Ein Ort, der wie kein zweiter die Gegenwart Gottes repräsentiert, darf den Betenden nicht vorenthalten werden. Verschlossene Kirchen verkehren die Zusage Gottes, immer erreichbar zu sein. Ein solcher Ort muss offen sein für alle Menschen!

Vorgeschmack des Himmels

Was für Kirchgebäude gilt, erträume ich mir auch für Kirchgemeinden, nämlich dass sie wirklich offen sind für alle Menschen und deren Geschichte mit Gott. Menschen egal welchen Alters, mit unterschiedlichstem Einkommen und Bildungsstand, Menschen mit den verschiedensten Lebensentwürfen sind in der Gemeinde willkommen. Wirklich willkommen, nicht nur geduldet! Denn es ist die christliche Grundüberzeugung, dass Gott alle Menschen liebt und zu sich einlädt. Die Kirchgemeinde als Ort des göttlichen Wirkens lebt diese Überzeugung. Hier muss sich niemand verstellen, hier darf ich Ich sein. Ja mehr noch: Hier darf ich mich selbst finden und Ich werden im Gegenüber zu Gott inmitten seiner Gemeinde. Besonders sinnfällig wird dies in der gemeinsamen Feier des Abendmahls, wo die Freundlichkeit Gottes individuell zu schmecken und zu sehen ist. Die Kirchgemeinde wird so zum Vorgeschmack des Himmels: Hier geschieht Sättigung an Leib und Seele, hier werde ich angesprochen und angenommen, hier eröffnet sich mir das Reich Gottes, das in Jesus Christus nahegekommen ist und dessen Leib die Kirche ist.

Als Leib Christi ist die Kirche der Vielfalt ihrer Glieder verpflichtet. Leider bleiben gegenwärtig manche Gemeinden hinter dieser Einsicht zurück und vermitteln stattdessen den Eindruck eines Monopols in dreifacher Gestalt. Erstens ein Meinungsmonopol: Andere Meinungen werden nicht ausgehalten oder als falscher Glaube diskreditiert. Zweitens ein Definitionsmonopol: Wer gehört zur Gemeinde und vor allem wer nicht? Drittens ein Handlungsmonopol: wahlweise aktiv (»An meine Aufgabe lasse ich niemand anderes«) oder passiv als Bedienmentalität fürs christliche Unterhaltungsprogramm.

Ich ärgere mich

Demgegenüber träume ich von einer Kirche, die Gemeinschaft der Heiligen ist: der Menschen, die aufgrund eigener Sättigung auch andere sättigen, die einander annehmen und ihren Anspruch leben, als Leib Christi der Welt zum Heil zu dienen. Eine solche Kirche ist sich nicht genug im Kreisen um sich selbst. Inmitten von Strukturanpassungen und vor allem in der Debatte darüber bleibt vom Heil wenig übrig: Ich ärgere mich am Engblick einzelner Gemeindeglieder, die nur ihren eigenen Kirchturm sehen. Ich ärgere mich über Kolleg*innen, die Innovationen ausbremsen, sei es durch Traditionalismus oder durch nicht vorhandene Teamfähigkeit. Ich ärgere mich, wenn Stillstand oder gar Rückschritt zum Ziel erklärt wird, wie z.B. durch die sächsische Aktion »Zurück auf Los«. Mit deren Initiator*innen ärgere ich mich jedoch auch über die fehlende Transparenz in vielen Entscheidungsprozessen auf den höheren Ebenen der Landeskirche. Ich ärgere mich, wenn es mehr um juristische Absicherung als um theologische Aufbrüche geht. Ich glaube nicht, dass die Kraft des Evangeliums dazu da ist, in Gesetzlichkeit überführt zu werden.

Vielmehr glaube ich, dass uns das Evangelium neue Wege sehen und gehen lässt. So bin ich der Überzeugung, dass kirchliche Veranstaltungen, die regionaler als bisher stattfinden, von manchen Personen überhaupt erst wahrgenommen werden. Die geographischen Verortungen der Gemeinden werden durch Regionalisierung für mehr Menschen sichtbar, die theologischen Verortungen von Gemeindegliedern im Austausch miteinander erfahrbar. An die Stelle von Geheimtreffen in Vereinzelung treten Anteilnahme und -gabe, die zur gegenseitigen Bereicherung und Stärkung beitragen. Von solchen Zusammenkünften können neue Impulse für die Region oder das jeweilige Leben vor Ort ausgehen. Interessierten wird aufgrund der Größe und der vertretenen Vielfalt regionaler Gemeindekreise der Neuzugang erleichtert.

Offenes Ohr und hilfreiche Hand

Ich weigere mich, in das Bekenntnis »Solange es möglich ist, unter sich zu bleiben« einzustimmen. Meine Kirche der Zukunft bekennt das Evangelium von Jesus Christus, der mit den Seinen unterwegs war und zu den Menschen gegangen ist, also gerade nicht unter sich blieb. Den Grüppchen, die demgegenüber unter sich bleiben wollten, drängte sich Jesus nicht auf – weder den »Rechtgläubigen« noch denen, die sich nicht für seine Botschaft interessierten. Seine Energie widmete er den Suchenden.

So wie Jesus sein öffentliches Wirken begann, indem er Menschen in Wort und Tat den Himmel nahebrachte, hat er den Seinen aufgetragen, das nahe Himmelreich zu verkündigen. Das Himmelreich Jesu ist dabei nicht erst auf Zukunft angelegt, sondern beginnt im Hier und Heute, dort, wo Menschen die Zuwendung Gottes erfahren und dadurch heil werden. Meine Kirche der Zukunft weiß sich diesem gesellschaftlichen Auftrag in der Nachfolge Jesu verpflichtet. Sie lebt Gottes Zuwendung mit wachem Blick, offenem Ohr und hilfreicher Hand. Gegen die zunehmende Vereinsamung engagiert sie sich als einfühlsames Gesprächsgegenüber und verbindet Menschen über Generations- und Statusgrenzen hinweg. Sie positioniert sich für Frieden, Gerechtigkeit und die Bewahrung der Schöpfung in Wort und Tat. Neben der ökologischen Frage ist die soziale Frage für meine Kirche der Zukunft von bleibender Dringlichkeit. Hier wird sie gefundene Wege ausbauen und neue Wege suchen, damit Menschen gut leben und sterben können.

Die Erfahrung des eigenen Heilwerdens, ein fortwährender Prozess, ist die Grundlage für die Zugehörigkeit zu dieser Kirche. Es ist die eigene Gottesbegegnung, die Menschen in die Kirche als Gemeinschaft der Heiligen integriert, für die die Taufe ein Symbol ist: Gott wendet sich mir zu und vergewissert mich seiner Liebe. Getaufte sind Gottes geliebte Kinder. Doch die Gewissheit des eigenen Heils, die Integration in die Gemeinschaft der Heiligen ist erst der Anfang. Sie hat ihre Fortsetzung darin, anderen Menschen an diesem Heil Anteil zu geben, ihnen das Himmelreich nahezubringen. Manche sind der Ansicht, das Nahebringen des Heils geschähe in den klassischen Gemeinde(kreis)-Formaten Gottesdienst, Christenlehre, Konfirmandenunterricht, Bibelstunde und Seniorenkreis, also innerhalb kirchlicher Räume. Diese Formate, denen eine »Komm-Struktur« zugrunde liegt, haben ihre Berechtigung, weil Menschen in ihnen mit dem Reichtum biblischer Geschichten vertraut werden, weil sie lernen, biblische Inhalte auf ihr Leben anzuwenden, und Glaubensvergewisserung erfahren. Doch nach draußen tragen sie das Heil nur bedingt. Sie sind Vertiefungs- und im besten Fall Multiplikationsräume für die »Geh-Struktur« des kirchlichen Auftrags, durch die das Evangelium auch kirchenferne Menschen erreicht. Der Auftrag zum Hinausgehen ist nicht auf bezahlte Kräfte beschränkt.

Begabungen sind verschieden verteilt, weswegen meine Kirche der Zukunft auf Teamwork angelegt ist, gerade auch im Pfarrdienst. Es muss nicht eine Pfarrerin zugleich Spezialistin für Kinder, Jugend, Singles, Familien, Seniorinnen, Bau und Verwaltung sein. Wenn bereits Gott dreipersonal begegnet, warum soll ich dann alles allein machen? Die Arbeit im Team hat viel mit Vertrauen und Transparenz zu tun. Dass ich darauf vertraue, dass Kolleg*innen ihre Arbeit gut machen, obwohl ich sie anders machen würde. In diese Prozesse werden auch Ehrenamtliche stärker einzubinden sein – nicht aus finanzieller Not, sondern aus dem geistlichen Interesse, Kirche als Leib Christi gemeinsam zu gestalten.

Neuen Mut

Wenn ich an die Vergangenheit der sächsischen Landeskirche denke, dann sehe ich Menschen vor mir, die Neues gedacht haben. Die es zum Beispiel wagten, Kirchgebäude in die Höhe zu bauen mit großen Fenstern für das Licht wie in Annaberg. Die von den Ideen der Gotik begeistert waren und diese Begeisterung in Sachsen gegen manche Widerstände umsetzten. Ich sehe Menschen, die es wagten, eine Rundkirche mit einer freitragenden Kuppel zu bedecken wie die Dresdner Frauenkirche. Widerstände und Befindlichkeiten wurden überwunden. Einzelne hatten die Idee, mehrere packten mit an und setzten sie um.

Wenn ich an die Vergangenheit denke, dann sehe ich Menschen, die musikalisches Neuland betreten haben wie Johann Sebastian Bach in Leipzig und die in den verschiedensten Chören zur Ehre Gottes und zur Freude der Menschen musizierten. Ich sehe Menschen vor mir, die nach Mündigkeit strebten, statt sich bevormunden zu lassen. Menschen, die der Reformation ihren Weg bahnten und sich später in Glaubensdingen gegenseitig tolerieren lernten. Ich sehe Menschen, deren Glaube Berge versetzte, die 1989 Woche für Woche der Kraft von Gebeten trauten, als sie mit Kerzen statt Steinen durch die sächsischen Straßen zogen. Wenn ich an die Vergangenheit der sächsischen Landeskirche denke, dann sehe ich einen weiten Horizont mit viel Interesse an Neuerungen. Ich sehe den kreativen Reichtum und den Mut, ihn umzusetzen.

Menschen der sächsischen Landeskirche waren innovativ, sie waren an Neuerungen interessiert und gestalteten die Zukunft ihrer Kirche. Das darf nicht der Vergangenheit angehören. Denn der Geist Gottes lässt sich nicht in Museumsvitrinen bestaunen. Er mag dort Spuren hinterlassen, aber er lässt sich nicht konservieren. Geist ist immer jetzt im Gegenüber von Gott und Mensch.

Das Potenzial der sächsischen Landeskirche lässt sich an ihrer Geschichte erahnen. Damit aus diesem Potenzial Zukunft wird, braucht es Menschen, die ihre Geschichte mit Gott hier und heute leben – frei und fromm.

WENN ICH MIR KIRCHE TRÄUME …

Theresa Brückner

http://buch.kirchederzukunft.theresaliebt.de/

VOM »NICHT MEHR« ZUM »NOCH NICHT«. AUF DER SUCHE NACH DEM VERLORENEN ZIEL

Benedikt Rogge

Südjütland

Sommerurlaub in Dänemark. Sonntagsgottesdienst. Eine wunderschöne neugotische Hallenkirche, heller Sandstein, durch die farbigen Fenster einfallendes Sonnenlicht, bezaubernde Atmosphäre. 40 Besucher aus der Altersgruppe 60–70. Wir liegen zwar signifikant unter dem Schnitt, aber unsere Erwartung ist trotzdem freudig und neugierig. Zumal wir beide, meine Frau Julia und ich, kein Dänisch können.

Vermutlich eben weil ich kein Wort von dem verstand, was ich hörte, und auf das Sehen konzentriert war, wurde dieser Gottesdienst für mich zum Augenöffner. Ich verstand nichts – und ich spürte auch nichts. Kein Blickkontakt, keine Gestik, kaum Mimik; die Predigt, abgelesen, mit gelegentlichem Auf- und Abnicken; der Vortrag der Texte monoton; das Singen kraftlos. Mich überkam ein unabwendbares Empfinden der Langeweile und Lähmung, ein Gefühl robuster Gleichgültigkeit. Die Kirche wurde für mich zur Wartehalle, bis es endlich vorüber war.

Dort, in der südjütländischen Hallenkirche, fühlte ich mich an die Gottesdiensterfahrungen meiner Jugend erinnert und auch an etliche meines Erwachsenenlebens sowie an zahlreiche Berichte von Bekannten und Freunden zu ihrem Erleben in (deutschen) Gottesdiensten. Und ich kam ins Nachdenken darüber, wie die Menschen wohl die Gottesdienste empfinden, an denen ich mitwirke. Lange Zeit über war ich der Überzeugung, dass die Langeweile unserer Gottesdienste und überhaupt das Erlahmen unseres Gemeindelebens v.a. an der Performance von uns Hauptamtlichen lägen. Mehr Sprech- und Schauspielunterricht. Mehr rhetorisches Können. Mehr liturgische Präsenz. Mehr Feuer. Mehr Einfälle. Poppigere Lieder. Mehr Sex-Appeal. Darin schien mir primär die Lösung zu liegen.

In dem Gottesdienst in Dänemark begann ich, die Dinge anders zu sehen. Es liegt vor allem daran, dass wir nichts wollen. Dass es bei uns um nichts geht. Das ist nun natürlich eine hoffnungslose Verallgemeinerung. Aber in der Summe scheint mir dies das zentrale Problem unserer Kirche zu sein: Dass wir aus dem Blick verloren haben, worum es sich bei uns im Kern dreht. Wonach wir positiv streben. Und es wäre auch nur allzu verständlich, dass uns unser Ziel und unsere Ausrichtung in dieser historischen Phase weggerutscht sind. Dass wir zurückschauen auf die Vorzeit der Turbo-Säkularisierung, anstatt nach vorne. Dass wir wie gelähmt auf der Stelle verharren in der Hoffnung, dass der Sturm bald vorüber ist. Anstatt uns in Gang setzen zu lassen und auf den Weg zu machen.

Nicht mehr

1960 waren in der Stadt Bremen 90 % aller Bewohner evangelisch. Heute sind es noch gut 30 %. Das ist ein Jahrhundert- oder gar Jahrtausendumbruch. Die übrigen Zahlen bestätigen die Dramatik. Aber die Veränderung ist nicht bloß numerisch. Sie ist auch emotional. Unsere Kirchen sind oft leer. Nicht alle und nicht immer. Aber oft. Doch unsere Gebäude sind groß. In ihrer schieren Größe wirken sie wie in Stein gemeißelte Verlustgefühle. Und diejenigen, die da sind, können gar nicht anders, als sich zu fragen, wo denn all die anderen bleiben. Event-Manager öffentlicher Veranstaltungen nehmen Stühle weg, wenn weniger Gäste kommen als geplant. Damit die Gekommenen sich nicht alleine fühlen. Wir Gottesdienstfeiernden hingegen – und überhaupt: wir aktiven Gemeindemitglieder – haben ständig das Gefühl des Zu-wenige-Seins. (Dabei könnten wir oft in die Seitenkapelle wechseln ...)

Die Volkskirche von früher ist Geschichte. Die Kirche, für die man sich nicht entschied, sondern der man selbstverständlich angehörte. Das begreifen wir nur langsam –

und das ist menschlich. Als die Baby-Boomer, die jetzt in den Ruhestand treten, konfirmiert wurden, platzten die Kirchen aus allen Nähten. Heute haben manche Bremer Gemeinden nur noch ein oder zwei Anmeldungen zur Konfirmation, manchmal sogar null.

Viele von uns leben deshalb mit dem Empfinden eines kolossalen Verlusts. Sie wünschen sich die alten Zeiten zurück. Stecken fest im »nicht-mehr«-Gefühl. Manche von uns halten es für realistisch, dass es wieder so wird wie früher – z.B. dass die Kirchenbindung wiederkehrt, wenn eine wirtschaftliche Rezession zuschlägt. Oft sind wir aber auch schon froh, wenn es zumindest noch ein kleines bisschen so ist wie damals. Denn solange in unserer Kirche sonntags um 10 noch ein Lied intoniert wird, brauchen wir sie noch nicht abreißen zu lassen. Wir halten fest an unserer Kirche, weil sie uns lieb und kostbar ist. Unsere Zielformulierung erfolgt ex negativo: nicht sterben, nicht trauern müssen. Es ist der Selbsterhaltungstrieb des Bettlägerigen. Was ist menschlicher?

Das erinnert mich an die Phasen des Sterbe- und Trauerprozesses, wie *Elisabeth Kübler-Ross* oder *Verena Kast* sie beschrieben haben. In unserer Kirche sind wir heute meist in der Phase des »Nicht-Wahrhaben-Wollens« oder in der Phase »der aufbrechenden Emotionen«, mitunter auch schon in der Phase »des Suchens und Sich-Trennens«, etwa wenn Gebäude abgestoßen, Gemeinden zusammengelegt werden u.Ä. Aber bislang schaffen wir es nur gelegentlich in die letzte Phase, die ein neues Leben nach dem schmerzlichen Verlust ermöglicht, die Phase »des neuen Selbst- und Weltbezugs«. Da müssen wir hin.

Noch nicht

Wie gelingt uns der Perspektivwechsel? Wie schaffen wir es, nicht nur auf das zu blicken, was nicht mehr ist, sondern auf das, was noch nicht ist und kommen will? »Ich strecke mich aus nach dem, was da vorne ist« (Phil 3,13b), schreibt Paulus. Ohne jemals das Ziel erreichen zu können. Lebenssinn ergibt sich aus der Antwort auf die Frage, was das Leben von mir erwartet (*Viktor Frankl*). Und es bleibt immer eine Spannung zwischen dem, was jetzt ist, und dem, was das Leben von mir erwartet. Was »noch nicht« ist.

Luther hatte (mindestens) ein »noch nicht«. Die Frage »Wie bekomme ich einen gnädigen Gott?« war für ihn ein Movens von ungeheurer Kraft, auch wenn sie nicht mehr die Frage unserer westeuropäischen Gegenwartsgesellschaft ist. *Mutter Teresa* hatte das »noch nicht«, den Armen und Kranken in Indien ein Leben in Würde zu ermöglichen. *Martin Luther Kings* »noch nicht« war sein Traum. *Dorothee Sölles* u.a. die Frage: »Wie wird man denn einer, der Frieden macht?« Bei *Greta Thunberg* klingt das »noch nicht« so: »I want you to panic. And then I want you to act as if the house was on fire, because it is.« *Carola Rackete* hat das Ziel, den, der ertrinkt, aus dem Wasser zu ziehen, damit er leben kann.

Die Frage, die *Bonhoeffer* ständig bewegte, war die Frage, »was das Christentum oder auch wer Christus heute für uns eigentlich ist«. Es lässt sich einfügen: »heute noch nicht für uns ist«. Diese Frage steht auch heute im Kirchraum. Was ist bzw. was sind unser/e »noch nicht«? Das »noch nicht« des Christentums in Westeuropa? Der EKD? Meiner Gemeinde? Das »noch nicht« meiner Predigt? Unser christlicher Glaube bietet uns verschiedene, konkrete »noch nicht«. Ob sie eher unserer Innerlichkeit zuzurechnen sind: das »sehnsuchtsvolle Kreisen um den Turm« (Hermann Hesse), »glauben lernen«, wie Bonhoeffer sein Leben überschrieb. Oder ob sie eher der äußeren Tätigkeit zufallen: der Einsatz für andere, »dem Rad der Gesellschaft in die Speichen fallen«. Innen und Außen, Mystik und Widerstand, Gebet und Wirksamkeit gehören in unserem Glauben zusammen. Entscheidend für unsere Zukunft ist, dass wir uns in beidem auf einen Weg machen – und dass wir uns bewusst machen, dass das »noch nicht« immer noch vor uns liegt.

Alles beginnt mit einer Frage

Ökonomische Optimierungspläne und numerische Selbsterhaltungskalküle, Internet-Coachings und Instagram-Trainings, Rhetorikkurse und Präsenzseminare – all das brauchen wir. Aber vor allem benötigen wir eine Rückbesinnung auf die Frage(n) unseres Glaubens. Und darauf, wie wir sie heute neu und aktuell beantworten. Ganz konkret. Vor Ort. Um die Ecke. Ja, wir brauchen neue Formen und Formate, weiß Gott! Aber: form follows function. Wir brauchen Bilder von der Welt, nach der wir uns ausstrecken. Synonym: »Visionen«. Viele Gemeinden wissen meinem Eindruck nach zurzeit nicht, was sie wollen – außer, nicht zu sterben. Es fehlt an einem positiven »noch nicht«.

Für die Frage, was wir wollen, ist das Fresh-Expression-Prinzip der Kontextorientierung unendlich gewinnbringend. Was passiert in unserer Gemeinde? In unserer Straße? In unserem Stadtteil? Was sind die Nöte und

Freuden der Bewohner? In der Bremer Überseestadt, einem neuen Stadtentwicklungsgebiet, hatte ich eineinhalb Jahre lang eine Art pioneering minister-Stelle inne. In diesem baulich hoch-dynamischen Quartier sind eine Reihe von infrastrukturellen und sozialen Herausforderungen zu bewältigen. Nachbarschaft, Lebensqualität, soziales Miteinander – all dies steht zur Debatte. Wie wollen und können wir leben? Wir haben das Gespräch mit Bürger*innen, lokalen Akteuren und Politikern gesucht, eine Bürgerumfrage und einen Bürgerdialog durchgeführt, Ferienfreizeiten für Kinder angeboten, Gottesdienst im Hafenbecken und an anderen Orten gefeiert, versucht, uns um die vor Ort in Übergangswohnheimen untergebrachten Geflüchteten zu bemühen, den Kontakt zu örtlichen Netzwerken aufgenommen usw. Derzeit eröffnen wir eine ökumenische Anlaufstelle vor Ort: die Überseekirche. Unsere Arbeit dort ist der Versuch, das Prinzip der Kontextorientierung ernst zu nehmen. Um der Menschen willen.

Kontextorientierung beginnt mit Jesu Frage an den blinden Bettler Bartimäus: »Was willst du, dass ich für dich tun soll?« Nur, dass wir einen Präpositionstausch benötigen: »Mit dir« muss es heißen anstelle von »für dich«. Damit wir miteinander auf Augenhöhe kommunizieren und nicht in das alte »Defizitmodell diakonischen Helfens« (*Henning Luther*) zurückfallen. Mir scheint, alles Handeln auf Augenhöhe beginnt mit einer Frage. Auch in der Gemeinde. Gemeinsam Fragen zu formulieren und zu bearbeiten ist m.E. eine zentrale Lernaufgabe unserer Arbeit heute. Denn die Frage ist das Instrument eines jeden Neuanfangs: Was denkst du? Wie geht es dir? Was wünschst du dir? Was geschieht hier um uns herum? Welche Frage(n) haben wir? Was wollen wir anpacken?

Wie ich mir unsere Kirche wünsche

Ich wünsche mir, dass wir uns in unserer Kirche wieder neu auf die uns antreibende Kraft besinnen. Dass wir wieder neu zu fragen beginnen. Danach, worum es uns in unserem Glauben geht. Und uns gemeinsam auf den Weg machen. Besonders wünsche ich mir:

(1) Beziehung
Ich wünsche mir mehr Beziehungen. Dass wir an unser kirchliches Handeln einen Beziehungs-Detektor anlegen. Dass wir systematisch fragen: Was tun wir in der Kirche, um lebendige Beziehungen zu fördern? Und umgekehrt: Was tun wir (noch), was Beziehungen hemmt, blockiert oder sogar abwürgt?

(2) Klarheit
Ich wünsche mir mehr Klarheit. Nicht Eindeutigkeit oder gar Einseitigkeit. Aber weniger Missverständlichkeit. In der Frage: Ist Gottes Liebe bedingungslos? – Ja. Jedoch werfen etliche liturgische Formeln und Liedtexte (»Ein wahrer Glaube Gotts Zorn stillt«, EG 413,1) – auch Kerninhalte unserer theologischen Tradition – bei den Hörer*innen massive Fragen auf. Es wimmelt von Fundamentaldiskrepanzen, die oft ungedeutet bleiben. Mit dem katholischen Theologe *Magnus Striet* gesprochen, müssen wir hier »theologische Aufräumarbeit« leisten. Wir müssen die potenziellen Widersprüche zwischen der Vorstellung von einem bedingungslos liebenden Gott und theologischen Topoi wie dem Gericht Gottes, dem »dies irae« (Tag des Zorns), der Erbsündenlehre des *Augustinus*, der Vorstellung einer Notwendigkeit des Opfertodes Jesu Christi, bestimmten Antworten auf die Theodizeefrage u.a. sorg-

fältig zur Klarheit bringen und kommunikativ (!) auflösen. Sonst reproduzieren wir Bilder oder Bildfragmente der »Gottesvergiftung« (Tilmann Moser), oft ohne es zu merken. Gott unterscheidet zwischen Person und Handeln. Aber er verstößt niemanden. Er liebt den Menschen, nicht weil er schön ist. Sondern so, dass er schön wird.

Ich wünsche mir auch mehr Klarheit in der Frage: Respektiert Gott die Freiheit des Menschen, sich gegen ihn zu entscheiden? – Ja. Wenn ich Gott diesen Respekt abspräche, könnte ich meinem konfessionslosen oder andersgläubigen Gegenüber nie um seiner selbst willen begegnen. Ich müsste immer seine Bekehrung wollen. Wer Letzteres tut, der soll es so sagen. Wer aber glaubt, dass Gott unsere Freiheit respektiert, Nein zu ihm zu sagen, der sollte auch dies klar und offen kommunizieren.

Liebe und Freiheitlichkeit – auf dieser Basis lassen sich klare, konkrete Gemeindeziele formulieren. Attraktive Gemeinden sind Gemeinden mit klaren Zielvorstellungen, schreibt *Gerhard Wegner*. Ich wünsche mir, dass wir das, wonach wir uns ausstrecken, klarer und konkreter festhalten und am Ende des Jahres dann als Gemeinde fragen: Wie ist es gelaufen? Und was wollen wir künftig anders machen?

(3) Offenheit

Ich wünsche mir mehr Offenheit: Bauliche Barrierefreiheit und soziale Barrierefreiheit. Offen für alle, die respektvoll und friedfertig miteinander leben wollen. Der Utopie nachlebend, dass Gemeinden sozialstatusfreie Zonen sein sollten. Offen auch für den Austausch und die Kooperation mit allen, für den Stadtteil und die Zivilgesellschaft. In den Zwischenräumen unserer Gesellschaft ist immer etwas zu tun. Dort fehlen immer Menschen. In den Großstädten sind das heute etwa die Orte der Erfahrung von Einsamkeit, die Lager der Wohnungslosen, die Gräben der sozialen Spaltung, die Heimatlosigkeit psychisch Kranker. Wir sind weder eine Behörde noch ein kommerzieller Akteur. Wir sind Menschen, die um der Menschen willen vor Ort sind. Darin bestehen unser Alleinstellungsmerkmal und unsere Aufgabe.

(4) Augenmaß

Ich wünsche mir mehr Augenmaß. Nicht die anderen sollen sich mir anpassen müssen, in Kleidungsstil, Wortwahl, Musikpräferenzen u.Ä. Sondern ich will danach zu fragen lernen, was die jeweils stimmige Form unseres gemeinsamen Tuns sein könnte. Je nach Situation, sozialem Milieu, je nach Fall. Der Gottesdienst ist in seiner traditionellen Form ein hochkulturelles Angebot für das etablierte Bürgertum, aber für andere soziale Gruppen oft wenig attraktiv. Schon Angehörige jüngerer, stärker individualisierter Milieus finden sich hier nicht wieder. Hier brauchen wir Differenzierung. Trauerfeiern, Trauungen und Taufen brauchen heute die individuelle Note, weil wir – zurecht – eine Hypersensibilität gegen das allzu Unpersönlich-Floskelhafte entwickelt haben. Zu den mich am meisten bewegenden Erfahrungen meiner Arbeit zählen die Reaktionen von Menschen auf das persönliche Gebet am Ende eines Gesprächs, in dem ich die Vornamen, z.B. der Trauernden oder des Brautpaars, aufnehme und Gott um seinen Beistand und Segen für sie bitte.

Ich wünsche mir mehr Augenmaß in unserer Wortwahl. Es ist verständlich, dass Konfirmand*Innen und Erwachsene bei Sätzen wie 1 Petr 1,3–5, auch in der Lutherübersetzung 2017, verwirrt sind oder gar zu lachen beginnen. Oder bei nebulösen theologischen Begriffen. Oder Worte wie »Gnade«, »Sünde«, »Barmherzigkeit«, »Sühne«, »Erlösung«, »Rechtfertigung«, »Opfer«, »Mission« nicht mehr verstehen. Wir brauchen zeitgemäße Übertragungen und Neu-Erschließungen unserer Worte, damit sie den Menschen von heute Worte nicht wie eine Fremdsprache vorkommen. *Erik Flügge* empfiehlt, wir sollten im Gottesdienst sprechen, wie wir es in der Kneipe beim Bier tun. Das ist falsch, weil überspitzt, aber es trifft einen wichtigen Punkt: dass wir eine verständliche Sprache sprechen müssen.

(5) Echtheit
Ich wünsche mir mehr Echtheit. Dass wir unseren Glauben nicht unterschlagen. Sondern offen aussprechen, woran wir glauben und zweifeln. Nicht selten treten wir Hauptamtlichen, bisweilen auch Ehrenamtliche, hinter unseren jeweiligen Rollen als Menschen fast unerkennbar weit zurück. Wir werden dann ungreifbar oder unnatürlich. Verfallen oft in einen bestimmten Tonfall, moralisierend oder autoritativ oder therapeutisch-betroffen. Ich glaube aber zutiefst, dass die Menschen Ansprech- und Gesprächspartner brauchen, die ihnen in nahbarer Weise Einblick in ihr eigenes Glaubensleben erlauben.

(6) Treue
Treue wünsche ich mir. In der Zeit des Umbruchs, der Event-Orientierung und der schnelllebigen Umstrukturierungen und Reformpläne, in der wir leben, ist das nicht selbstverständlich. Lebendige Beziehungen lassen sich aber nur aufbauen, stiften und bewahren, wenn wir

da sind. Vor Ort. Es müssen nicht Hauptamtliche sein. Nur: Menschen müssen es sein. Die mitgehen, an den Übergängen des Lebens. Im Alltag. Die immer wieder einladen. Die einen Ort zur Verfügung stellen, an den Menschen gerne kommen. Die miteinander Kirche sind.

Dass es um etwas geht

Wenn jemand eine Liebeserklärung macht, dann kennt er sein »noch nicht« sehr genau. Und wer als Dritter dabei ist, spürt meistens, dass es hier um etwas Bedeutsames geht. Egal, in welcher Sprache der Erklärende spricht. Wie versiert oder verschämt die Erklärung auch ist. Ob er stammelt oder stottert: dass diesen einen bei seiner Erklärung etwas bewegt, dass es für ihn um etwas geht, wird für die anderen regelrecht körperlich spürbar. Wenn es einem Menschen wirklich um etwas geht, dann spüren wir das.

Die Säkularisierung werden wir nicht binnen kurzem zum Erliegen bringen. Ich habe aber die Hoffnung, dass wir vom »nicht mehr« wieder zum »noch nicht« kommen können. Diese Hoffnung, wie alle Wünsche in diesem Beitrag, habe ich auch für mich selbst. Dass ich gemeinsam mit allen, die dazu bereit sind, immer wieder neu danach frage, worum es in unserem Glauben geht. Was das »noch nicht« in unserer Arbeit und Gemeinde ist. Hier. Vor Ort. Konkret. Jetzt. Und ich habe die Hoffnung, dass uns das immer wieder neu in Bewegung setzt und belebt.

KIRCHE ALS KLEINMARKTHALLE

Anna Elisabeth Scholz

Kleine Häppchen

In Frankfurt am Main gibt es die Kleinmarkthalle. Stände mit Delikatessen reihen sich dort aneinander. Internationale Speisen verströmen einen betörenden Duft. Es gibt traditionelle Fleischwurst, Leberkäse, Grüne Soße, aber auch Brote, Wein, Pasteten, Früchte von überall auf der Welt. Farben und Formen verschwimmen in diesem Überfluss der Köstlichkeiten. Menschen, junge, alte und mittelalte, drängen durch das Gebäude. Manche bleiben stehen, halten einen kleinen Plausch, andere folgen konzentriert einem unbekannten Ziel, einige schlendern, schauen hier, schauen da ... probieren dies und das, kleine Häppchen, die an den Ständen gereicht werden. Am Ende des Gebäudes ist eine Freifläche. Sobald die ersten Sonnenstrahlen die grauen Wintertage wieder erhellen, versammeln sich hier Menschen an kleinen Tischen unter hellen Schirmen. Grüppchen sieht man hier und Einzelne, man kommt ins Gespräch über Gott und die Welt, auch mit Fremden. Ein buntes Treiben, für ein paar Stunden ist der Alltag fern, das Rauschen der Stadt geht unter im Gewirr der Stimmen, Geschmäcker und Düfte. Ein Fest für die Sinne. Eine Tradition für viele.

Ich brauche wohl nicht zu kontrastieren, welche Atmosphäre sich im Gegensatz dazu in einer durchschnittlichen mittelhessischen Dorfkirche wahrnehmen lässt, wenn man sie sonntags um zehn oder halb elf betritt. Jedenfalls ist es dort sehr anders. Tradition ist das auch. Allerdings inzwischen für wenige.

Kurze Kirchentheorie

Kirche ist die Darstellung des Christentums in seiner je historischen Sozialgestalt. Und Christentum ist viel mehr als das, was sich in den ganz offensichtlich wahrnehmbaren Ausdrucksformen der Kerngemeinden abbildet. Als Pfarrerin begreife ich mich als Akteurin des Christentums und damit auch als Akteurin der Kirche.

Wie kann sie in Zukunft aussehen, oder wie sieht ihre Zukunft aus? Kirche kann beschrieben werden als Organisation. Zugleich tritt sie als Interaktion, Inszenierung und Institution in Erscheinung, jedenfalls ist das eine funktionale Beschreibungsform des Göttinger Theologen *Jan Hermelink*, die mir recht gut einleuchtet. Ich versuche, kurz zu skizzieren, was das bedeutet:

Als Organisation ist Kirche funktional bestimmt als Struktur kirchenleitenden Handelns. In ihrer Organisationsförmigkeit schafft sie die Gegebenheiten dafür, dass Interaktion und Inszenierung stattfinden können. Interaktion bezeichnet die verschiedenen Erscheinungsweisen der Kirche als Sozialität. Darin findet zugleich Inszenierung statt. Diese ist zunächst gewiesen an die Sphäre der Sozialität, bringt aber darüber hinaus auch den Bezug auf ihr Anderes, das Grundmotiv des Christentums zum Ausdruck, das sich in unverfügbarer Weise im Vollzug kirchlicher Inszenierung aktualisiert. Als Institution kann Kirche wahrgenommen werden, indem sich in ihr die, freilich pluralen und oftmals historisch kontingenten, nicht organisatorisch steuerbaren Ausdrucksformen des christlichen Glaubens öffentlich erkennbar abbilden.

Damit hat die Kirche in der jeweiligen Gesellschaft eine kritische Funktion. Die Kirche als Sozialgestalt des Christentums ist nämlich einerseits Teil der sie je umgebenden Gesellschaft, kann aber andererseits auch ein kritisches Gegenüber zu dieser Gesellschaft werden. Dies wird dann erkennbar, wenn die Inszenierungs-, Interaktions- und Institutionalisierungsformen der Gesellschaft in Konflikt mit der Institutionalität der Kirche geraten. Als Institutionalität der Kirche gilt das, was sich als innerer Konsens oder als Konvention in der Haltung ihrer Mitglieder formiert hat – und das ist gewissermaßen historisch bedingt und insofern auch wandelbar. Hier können wir ansetzen, um eine Kirche der Zukunft zu erfinden und zu gestalten!

Grund des Glaubens

Als Aufgabe der Kirche betrachte ich die Darstellung dessen, was sich als »Evangelium«, als Gewissheit in der

Haltung des Glaubens einstellt: nämlich, dass entgegen der Logik einer rationalistisch quantifizierbaren Wirklichkeit alles doch irgendwie von einem Sinn getragen wird, der die Freiheit und Würde, den unermesslichen Wert jedes einzelnen Menschen garantiert. Diese Darstellung vollzieht sich durch Interaktion und Inszenierung, klassischerweise im Modus des Lehrens und Lernens, des gemeinschaftlichen Feierns und des helfenden Handelns. Leitend ist dafür die Einsicht, dass das, was »Evangelium« ist, keine fix bestimmbare Größe ist, sondern sich im je interaktiven Vollzug der Darstellung und Mitteilung erfahrbar einstellt. Zugleich ist das, was Kirche ist, nicht auf einen je speziellen gesellschaftlichen Binnenraum einzuschränken, sondern in einen globalen Horizont gestellt, denn das, was als »Evangelium« dargestellt und mitgeteilt wird, richtet sich letztlich an alle Menschen.

Pfarrerinnen und Pfarrer sind als Akteure der Organisationsförmigkeit der Kirche zunächst Leitende, deren Aufgabe es ist, in den je vorfindlichen sozialen Gegebenheiten Strukturen zu unterhalten, die den Ausdrucksformen des christlichen Glaubens Raum bieten. Als Akteurinnen und Akteure der Institution Kirche sind sie zugleich Begleitende derer, die ihrer Selbst- und Weltdeutung im Horizont der Traditionen des christlichen Glaubens Ausdruck verleihen, indem sie zum Beispiel ihre Lebensübergänge mit einer religiösen Feier begehen – Taufe, Hochzeit, Beerdigung sind nur exemplarisch zu nennen. Zugleich sind Pfarrerinnen und Pfarrer aber auch selbst teilnehmend an kirchlicher Interaktion und Inszenierung, indem sie, wie alle anderen Teilnehmenden auch, auf die unverfügbare Aktualisierung der Wirklichkeit des Grundes ihres Glaubens als einer Haltung des Mutes und der Hoffnung gewiesen sind.

Traum- und Hoffnungsdeuter

Für eine Zukunft der Kirche oder eine Kirche der Zukunft glaube ich, dass Pfarrerinnen und Pfarrer vor allem religiöse Virtuosen sein können müssen. Menschen, die ein feines Gespür dafür haben, wonach sich andere Menschen sehnen und wie man das ausdrücken kann, so dass sich andere davon berührt und angesprochen fühlen. Insofern sind Pfarrerinnen und Pfarrer Traum- und Hoffnungsdeuter. Zugleich brauchen sie aber auch Platz, sich ihrer eigenen Träume und Hoffnungen gewahr zu werden.

Deshalb wünsche ich mir Strukturen auf der Ebene der Organisation, die es ermöglichen, dass Pfarrerinnen und Pfarrer sich auf die kreative und gestalterische Seite ihres Berufs konzentrieren können und gute Ideen realisieren. Dafür kann es eigentlich keine verallgemeinerbaren Beispiele geben – insofern ist es schwer, eine einzige Vision der Zukunft zu entwerfen.

Ich glaube, es sind eher kleine Schritte, die wir gehen können. Und kleine Formen der Veränderung. Denn: Kirche ist eben institutionell auch ein Traditionsunternehmen. Und trotzdem braucht es Innovation. Also wieso nicht darüber nachdenken, sich von den vielen, vielen Gebäuden zu trennen?

Ich denke an die unzähligen, nach altem Kaffee riechenden und mit staubigen Synthetikvorhängen behangenen Gemeindehäuser, deren Dächer undicht sind, deren Treppengeländer wackeln. Weg damit! Territoriale Präsenz ist nicht alles. Andere Orte und Formen finden!

Wir sind als Akteure der Kirche ebenso auch Akteure der Gesellschaft. Hier muss es mehr Vernetzung geben. Hören wir auf, uns auf den Binnenraum unserer Kerngemeinde zu fixieren. Schauen wir in die Welt und bilden neue »Kasualien«!

Dafür braucht es vielleicht andere Darstellungsformen als die, die traditionell sind, denn die sind schon lange für die meisten alles andere als selbstverständlich. Insofern wünsche ich mir einen Wandel – auch der institutionellen Dimension von Kirche. Es muss mehr gefeiert werden! Wenn Jesus ein Fresser und Weinsäufer war, wie es manche seiner Zeitgenossen anscheinend wahrgenommen haben, dann heißt das wohl, dass das Christentum auch eine Religion der Lebenslust sein kann. Im Gegensatz dazu geht es häufig so puritanisch bei uns zu.

Natürlich will ich nicht, dass wir vollständig einer hedonistischen Kleinmarkthallenlogik folgen. Dafür sind die existenziellen Dimensionen des Lebens, auch die Tiefen und Abgründe zu bedeutsam. Aber etwas unternehmerischer Geist wäre schön! Wieso nicht einen Dinner-Club gründen, wenn auf dem Dorf der letzte Gasthof sowieso schon lange geschlossen ist? Brot und Wein teilen geht nach verschiedenen Liturgien!

Ich wünsche mir eine Kirche, die einladend ist, aber die sich auch selbst einlädt, ihren kerngemeindlichen Binnenraum zu verlassen.

Gehen wir raus aus den muffigen Gemeindehäusern und baufälligen Kirchen. Gehen wir dorthin, wo die Menschen sowieso schon sind. Und schaffen wir Räume, wo sie gerne wären. Und wir selbst auch. Wir brauchen den Mut und das Recht, Dinge aufzugeben, die nicht oder nicht mehr tragen, auch wenn man sie für unverrückbar hält. Es muss Raum für Projekte geben, die in die Gesellschaft hineinwirken, die aber möglicherweise auch nur von absehbarer Dauer sind. Alles ist erlaubt, aber nicht alles dient zum Guten, schreibt Paulus. Aber ausprobieren können muss man was! Vieles, was wir tun, ist sehr ergebnisorientiert. Wir versprechen uns davon einen in irgendeiner Weise messbaren Effekt. Das ist falsch und bremst uns: Mut zum Scheitern!

Ich wünsche mir eine Kirche, in der Pfarrerinnen und Pfarrer ihr Leben, auch ihr privates, so gestalten können, wie es ihnen persönlich entspricht. Man muss nicht die Pfarrhäuser abschaffen, wie manche das fordern, ganz im Gegenteil. Aber mit wem und wie vielen eine Pfarrerin dort wohnt, verheiratet, unverheiratet, befreundet oder was auch immer, darf eine Kirchenleitung nicht interessieren. Die Kirche ist ein Teil der Welt und formiert sich in ihr. So auch die Menschen, die in ihr arbeiten. Wo der Geist des Herrn ist, da ist Freiheit!

Ich wünsche mir eine Kirche für alle Menschen, die auf der Suche sind. Das kann nur eine Kirche sein, die sich selbst auf die Suche macht, und zwar danach, was *Paul Tillich* den »Mut zum Sein« genannt hat. Und Orte schafft, wo sich davon etwas spüren lässt. In allem Scheitern, in allen Fehlversuchen, in allem, was organisatorisch und institutionell fixiert erscheint, wünsche ich mir eine Kirche, die das Leben feiert und die Menschen liebt.

Die Kirche, von der ich träume, fühlt sich eben doch ein bisschen an wie eine Kleinmarkthalle. Verschiedene Menschen bieten Köstlichkeiten an. Traditionelles und Exotisches. Kleines und Einfaches. Erlesene Delikatessen. Farben und Formen. Ein Fest für die Sinne. Schlendern und Innehalten. Probieren. Gutes Mitnehmen. Plaudern. Über Gott und die Welt reden. Alltag durchbrechen. Zurückkehren. Unbekannten Zielen folgen. Sich verlaufen. Lachen und leben.

I HAVE A DREAM

Nele Schomakers

I have a dream. Oder: A dream becomes reality?!

Sie erwacht. Schweißgebadet. Die Uhr steht auf fünf vor 12. Keine zwei Stunden hatte sie geschlafen, dabei war sie extra früh ins Bett gegangen. Die letzten Tage hatten sie geschafft. Bei der Gegenwartswerkstatt doch wohl zu viel von früher geredet. Kein Wunder. Dass sie jetzt diesen Traum hatte. Mehr ein Albtraum! Traumverzehrte Bilder kehren so langsam ins Bewusstsein zurück. *Bilder von einer Kirche. Wie sie war. Nur noch Verwaltung. Administration. Ohne Vision und ohne Mission. Nur noch Status quo erhalten. Pfarrerinnen und Pfarrer. Aus dem letzten Loch pfeifend. Leere Kirchenbänke. Alte Gesichter überall, wo sie hinschauten. Zu viele Beerdigungen ohne Pfarrer. Kirchenaustritte. Kaum noch Taufen und die Konfigruppen geschrumpft auf eine Handvoll Jugendlicher in den meisten*

Gemeinden. Jede denkt an ihren Kirchturm. Dienst nach Vorschrift. 70 Stunden die Woche.

Sie geht ins Bad, spritzt sich Wasser ins Gesicht und streicht sich verschwitzte Haarsträhnen aus der Stirn. Schüttelt die Bilder der Vergangenheit ab.

Sie schaut sich im Spiegel an. Atmet tief durch. Zum Glück nur ein Traum! Wenn auch ein ziemlich übler. Zum Glück. Die Realität sieht anders aus!

Und diese Kirche, von der sie geträumt hat, gehört der Vergangenheit an.

Sie lächelt. Gott sei Dank.

I have a dream: Oder: Dein Traum von Kirche?! Eine Befragung

Was ist dein Traum von Kirche? Diese Frage haben wir in unserer Gemeinde Teilnehmerinnen und Teilnehmern im Rahmen eines Glaubenskurses gestellt.

Mein Traum von Kirche ist vielfältig!

Ein vielfältiges Gemeindeleben, in der Menschen aller Couleur miteinander leben und das (Gemeinde-)Leben gestalten.

Kirche bedeutet Gemeinschaft und bietet Raum zum Austausch, zum Treffen. Ein Dach, unter dem die ganze große Gemeinschaft zusammenkommt.

Wie in einem Bienenstock. Viele Arbeiter und Arbeiterinnen mit verschiedenen Gaben und Aufgaben und einem gemeinsamen Ziel, der über das Leben im Bienenvolk hinausreicht – ohne das Leben nicht möglich ist.

Mein Traum von Kirche ist füreinander! Kirche sein heißt Kirche *füreinander* sein. Ein Ort, an dem wir füreinander sorgen. Wo jede und jeder angenommen ist, so wie er ist. So wie sie ist. *Angenommen, du bist angenommen! Wie wunderbar!*

Und ganz konkret drückt sich diese Fürsorge aus in Familienhilfen und individueller Beratung. Kirche, das ist ein Ort der Besinnung. Und ein Ort zum Auftanken. Ein Ort der Vision für eine Mission – für Gottes Mission in der Welt. Wo Wort und Musik untrennbar sind.

Mein Traum von Kirche ist »mehr«! Kirche ist ein Ort der Spiritualität und des »Mehr«. Kirche ist Heimat! Bietet Heimat! Ich denke an Kirche und ich denke: Kirche ist ein Ort der Geborgenheit! *Ein feste Burg.*

Mein Traum von Kirche hat mit Haltung *zu tun!* Unsere Haltung? Ist ein Auftrag! Für Frieden! Für Gerechtigkeit. Für Verständnis füreinander. Für Gleichbehandlung. Für Nächstenliebe. Auch als Arbeitgeberin! Wir sind ein offenes Haus. Ein Haus für jedermann und jedefrau. Ein tolerantes Haus. Ein Bienenstock – ein Beehive. A beehive with an attitude.

Mein Traum von Kirche heißt in Bewegung sein! Wir sind als Kirche grenzen-los. In einer grenzüberschreitenden Bewegung. Wir sind dynamisch! Stillstand ist keine Option! Mein Traum von Kirche: Alle arbeiten mit im Weinberg des Herrn! Manchmal wuselig, wie in einem Bienenstock. Aber mit ganz viel Energie, Bewegung und Begegnung. Alles nur ein Traum? Oder kann der Traum Realität werden?

Ein paar Gedanken zur Lage der Nation

Alles steht Kopf. Kopfstand. Andere Welt. Andere Sprache. Gott. Nieselregen. Vision für die Kirche. Wie sieht Kirche aus? Geschichten mit Gott. Weniger Verwaltung.

Mehr Freiraum. Mehr Freiräume. Großraumbüros. Mehr Spiritualität. Mehr Wir. Mehr leben. Mehr Glauben. Leben. Weniger Finanzen. Weniger Bürokratie. Weniger Verwalter. Mehr Menschenbegleiter. Lebensbegleiter – und Todesbegleiter. Mehr Liebe. Zuhören. Echtes Zuhören. Ehrlich. Nicht nur schnell schnell. Community. Mehr vernetzen. Viel Arbeit. Viele Schultern. Und Köpfe. Pastorin sein. Mit Herz. Mit Verstand. Mit Liebe. Davon erzählen. Das Evangelium in die Welt rausbrüllen!

Verrücken. Und verrückte Ideen. Verrückte Pläne. Wagen. Ja. Mut. Wir brauchen Mut. Wir sind doch alle Freaks. Wir Theologen.

Weg vom Kirchensprech. Die Sprache der Menschen sprechen. Und noch mehr. Revolution.

Reformation. Abendmahl mit allen. Lasst uns laut sein. Nicht leise. Wir mischen uns ein. Lasst uns Heimat sein. Für die Suchenden. Die finden wollen. Heimatliebe. Dazugehören. Wohlfühlen.

Was wollt ihr? Was braucht ihr? Was seid ihr bereit zu teilen? Weg von der Pastorenkirche. Weg von unseren Kirchtürmen. Lasst uns füreinander sorgen. Caring community sein. Werden.

Wir lassen uns nicht aufhalten. Von schwindenden Mitgliederzahlen. Von Negativ-Denke. Macht Platz für Phantasie. Und für Gott. Für Jesus. Für den Geist. Lass dich begeistern! Hab eine Vision von Gottes Mission.

Zur Lage der Nation! Nicht im Krisenmodus sprechen! Was wollt ihr eigentlich? Wohin soll die Reise/unsere Reise gehen? Aufbruch oder Status quo? Auf Bekenntnisschriften stehen. Worauf stehst du? Glaubst du, worauf du stehst?

Wohin geht die Reise auf den Straßen Gottes? Wir haben eine Straßenkarte Gottes. Mit Navis [Propheten] und

Navi [GPS] ausgestattet. Gemein(d)sam. Dialog heißt: Auf Augenhöhe. Für und wider. Kraft von Visionen. *Vision and Mission!* Auf Mission sein – unterwegs sein!

Bist du dir deines festen Grundes bewusst? Und sicher? Dann erst kannst du etwas wagen.

Sheldon Cooper, vielen bekannt aus der Serie »The big bang theory«, ist hochintelligent. Als theoretischer Physiker arbeitet er seit vielen Jahren an der sogenannten String Theorie. Irgendwann gibt er frustriert auf, an ihr weiterzuforschen. Er ist der Meinung, es hat sich ausgeforscht. Und wer wüsste es besser als Sheldon?

Erst in der Folge *The Bow Tie Asymmetry* [Staffel 11, Episode 24] geht ihm ein Licht auf! Nicht die Symmetrie ist ausschlaggebend für die String Theorie, sondern eine Asymmetrie! Diese Erkenntnis erlaubt ihm, anders und quer und neu zu denken!

Brauchen wir für die Kirche der Zukunft auch eine Asymmetrie? Lasst es uns wagen!

Morgengymnastik oder: Fragen an die Zukunft der Kirche in drei Minuten

Zukunft, hast du eine Kirche? Wenn ja, wie sieht sie aus? Zukunft der Kirche, kannst du deine Vergangenheit auch hinter dir lassen? Wenn du an die Gegenwart denkst, wie geht es dir dann? Kirche der Zukunft, hast du überhaupt eine Zukunft? Kirche der Zukunft, hast du eine Vision? Kirche der Zukunft, bist du bereit für eine Mission?

Übung am späten Vormittag oder: Fragen an die Kirche der Zukunft in vier Minuten

Wenn du die Kirche der Zukunft bist, was gefällt dir nicht an der Gegenwart? Wenn du könntest, wie du wolltest, was würdest du ändern? Liebst du dich? Bist du mit ganzer Kraft, ganzer Seele Kirche? Was brauchst du, damit du eine Zukunft hast, Kirche? Willst du, Kirche, überhaupt *Kirche der Zukunft* sein? Was hindert dich, Kirche, *schon jetzt* Zukunft zu sein?

George Perec und die Zukunft der Kirche[1]

Die Kerze brennt. Der Koffer steht bereit. Zu Anfang kann man nur versuchen, die Dinge zu benennen. Der Blick in den Garten verspricht Aufbruch. Die Natur gibt alles. Es sprießt und wächst, was das Zeug hält.

Zu Anfang kann man nur versuchen, die Dinge zu benennen. So banal wie möglich. Und der Blick in die Zukunft? Der Kirche?

Oder der Blick in die Kirche? Der Zukunft? Geben wir alles? Dafür?! Totgeglaubte leben länger? Erwacht sie jetzt neu zum Leben? Erwacht sie jetzt zum neuen Leben? Jetzt? Wo es fünf vor zwölf ist? Ist sie bereit für den Aufbruch?

Zu Anfang kann man nur versuchen, die Dinge zu benennen. Sie aufzuzählen, sie anzuführen.

Nachwuchsmangel. Schwindende Mitgliederzahlen. Kosteneinsparungen. Pfarrstellenrahmenplan. Rahmenpfarrstellenplan. Konsolidierungsprozess. Haushaltskonsolidierung. Einsparungen. Ach so, die nannte

1 Vielen Dank an Birgit Mattausch für die Inspiration zu dieser Methode!

ich ja bereits. Ruhestandswelle. Burnout. Pfarrstellenreduzierung. Entwicklungsräume. Ängste. Sorgen. Desillusion. Frustration. Bedenkenträger. Auf-eigenen-Kirchturm-Gucker: Nörgler. Ausbremser. Frust. Verwalten statt gestalten?!

Zu Anfang kann man nur versuchen, die Dinge zu benennen, und dabei versuchen, nichts zu vergessen.

K.d.Z und Z.d.K. Daran wird uns manches klar. Herausforderung: Jaja. Aber: Chancen auch. Ganz klar! Vision entwickeln! In Bewegung bleiben. Mutig sein. Mission leben. Den Koffer in die Hand nehmen. Die Kerze auch. Losgehen. Leuchten! Dort, wo wir sind. Und die anderen!

Der Sinn des Lebens ist leider alles, was wir haben. (Aus dem Moral-o-Mat, 11. April 2019)

Son of God oder: Ostern kommt bestimmt

Eine Filmszene. Herzergreifende Musik, tiefberührende Nahaufnahmen. Maria läuft zu ihren Freunden. Er lebt! Ruft sie ihnen zu. Thomas: Das ist unmöglich. Maria erwidert: Ich habe ihn gesehen.

Noch ganz fassungslos sind die Freunde. Deprimiert und mit hängenden Köpfen sitzen sie zusammen. Petrus ist der Erste, der sich erhebt. Er läuft zum Grab. Es ist tatsächlich leer! Er ist weg. Nein, er ist zurück! Freude macht sich breit. Die Freunde versammeln sich zum gemeinsamen Mahl. Und da steht er plötzlich in ihrer Mitte. Nein, das ist nicht real. Sagt Thomas. Und ER? Geht hin. Thomas, hör auf zu zweifeln. Und glaube! [herzergreifende Musik kommt zum Höhepunkt]. ER berührt Thomas' Gesicht. DU bist es! Weil du mich siehst, glaubst du! Erwidert ER. Gesegnet sind die, die mich nicht gesehen haben und doch glauben!

Die Szene endet 40 Tage später. Mit seiner Himmelfahrt. Ihr erhaltet Kraft! Die Kraft des Heiligen Geistes! Und diese Kraft kann in euch sein, egal, wo ihr seid! Geht hinaus in die Welt! Und erzählt allen die Gute Nachricht! Friede sei mit euch [dramatische Himmelfahrtsmusik]. Petrus steht auf! My brothers, my sisters: We have work to do! Mit Petri Worten also: Packen wir's an!

Kurzer Abriss zur Gemeindesituation

Ich bin Pfarrerin in der Kirchengemeinde St. Stephanus Delmenhorst. Delmenhorst ist eine Arbeiterstadt (ehemalige Norddeutsche Wollkämmerei & Kammgarnspinnerei, kurz Nordwolle). Fast 30 % der gut 80.000 Einwohner haben einen Migrationshintergrund. Man könnte auch sagen, Delmenhorst ist multikulti durch und durch. Neben den sechs evangelisch-lutherischen Kirchengemeinden beheimatet Delmenhorst die katholischen Schwestern und Brüder, Baptisten, Methodisten und die zweitgrößte aramäische Community in Deutschland. Interreligiöse Gespräche (mit den muslimischen und der jüdischen Gemeinde) und konfessionsübergreifende Kooperation sind sicherlich ein Aushängeschild für die Zusammenarbeit.

Unsere Kirchengemeinde ist eine Stadtrandgemeinde mit knapp 4000 Gemeindegliedern. Vor etwa drei Jahren haben wir uns als Gemeinde auf den Weg zur *Familienkirche* gemacht und sind weiterhin im Prozess. »Was bedeutet Familie heute?« war dabei eine unserer Ausgangsfragen. Wie können wir als Kirchengemeinde

Angebote für Familien schaffen und welche Bedürfnisse haben die Menschen? Alternative Gottesdienste und geänderte Gottesdienstzeiten haben Einzug gefunden. Und seit März 2019 sind wir mit dem Ökosiegel »Wir beschaffen ökofair« von *Zukunft einkaufen* zertifiziert. Gemeinsam mit meiner Team-Kollegin Barbara Bockentin und Menschen aus der Gemeinde, die dezidiert nicht zum *inner circle* gehören, sind wir immer wieder auf der Suche nach neuen Wegen und Ideen. Experimentieren. Bilden uns wild fort. Werkeln an unserer Vision und muten uns und der Gemeinde einiges zu! Im besten Sinne natürlich!

We are on a Mission with our Vision for a Mission. Gottes Liebe in der Welt mit den Menschen leben.

ES FEHLT NUR DIE GELEGENHEIT

Corinna Seeberger

Aufgetürmte Steine

Den Sprung ins kalte Wasser wagen. Das habe ich mir damals gedacht, als ich mich dafür entschied, nach dem Probedienst auf meiner ersten Pfarrstelle zwei Gemeinden miteinander zu fusionieren. Tatsächlich bin ich gesprungen. Das Wasser war ziemlich kalt, aber untergegangen bin ich glücklicherweise nicht. Aus der früheren Luthergemeinde in Hemsbach und der früheren Paul-Gerhardt-Gemeinde in Sulzbach ist die »Reformationsgemeinde Hemsbach und Sulzbach« hervorgegangen. Diesen neuen Namen zu finden war eine der Hürden, die ich gemeinsam mit dem Ältestenkreis – dem Leitungsgremium unserer Gemeinde – meisterte. Daneben gab es und gibt es noch immer viele andere Fragen zu klären. Eine davon ist die Gebäudefrage. Was passiert mit unseren beiden Kirchen, Gemeinde- und Pfarrhäusern? Die Frage des Pfarrhauses war schnell gelöst. Da es sich in Hemsbach um ein Ensemble aus Pfarrhaus, Gemeindehaus und Kirche handelt, stand hier das Pfarrhaus nie zur Diskussion, zumal das gesamte Ensemble unter Denkmalschutz steht. In Sulzbach hingegen war das Pfarrhaus freistehend und konnte deshalb verkauft werden. Die Sulzbacher Kirche ist in das dortige Gemeindehaus integriert. Dieses beherbergt auch einen Kindergarten sowie weitere Gemeinderäume. Dieser Gebäudekomplex konnte deshalb ebenfalls erhalten werden.

Das Gemeindezentrum in Sulzbach und das Gebäudeensemble in Hemsbach liegen nicht einmal zwei Kilometer voneinander entfernt. Das Einzige, was sie trennt, ist das Ortsschild. Für manche Menschen – das sei hier nur am Rande bemerkt – scheint das eine unüberwindbare Grenze zu sein. Wie dem auch sei: Unterm Strich handelt es sich hier bei einer Gemeinde mit aktuell ca. 2400 Gemeindemitgliedern um eine Menge Steine, die sich da über die Jahre aufgetürmt haben. Solche Steine können einem ziemlich zur Last werden. Natürlich sind wir nicht die einzige Gemeinde, der es so geht. Nicht ohne Grund hat die Landessynode der evangelischen Landeskirche in Baden das sogenannte Liegenschaftsprojekt auf den Weg gebracht. Das Ziel ist es, in Zukunft weniger in Steine und stattdessen mehr in Menschen zu investieren. Prinzipiell ist das eine gute Idee. Aber was machen wir, wenn wir zu viele Steine haben und jeder einzelne Stein auch noch unter Denkmalschutz steht? Vor genau diese Frage sehe ich mich gestellt. Beim Finden einer Lösung kommt mir der eigentliche Grund in den Sinn, warum diese Gebäude einst gebaut wurden. Gemeindezentren wurden und werden gebaut, damit sich Menschen treffen können. Der Frauenkreis, der Kirchenchor, die Krabbelgruppe, Konfirmandinnen und Konfirmanden brauchen einen Ort, an dem sie zusammenkommen können, einen Ort, an dem Gemeindeleben sich ereignen kann.

Lebendige Orte

Die Realität sieht aber oftmals so aus, dass Kirchengemeinden auf dem Markt der Freizeitgestaltung seit einiger Zeit keine allzu attraktiven Player sind. Viele Jahre wurden Angebote vorgehalten, bis sie entweder eingeschlafen sind oder beigelegt wurden. Die Konsequenz daraus ist, dass die Gebäude immer weniger genutzt werden und sich zunehmend von ihrem ursprünglichen Grund und Ziel entfernen. Das ist frustrierend und ändert nichts an der Frage, wie wir diese Gebäude in Zukunft weiter nutzen wollen und können.

Ein wesentliches Problem in den kirchlichen Angeboten sehe ich darin: Die meisten Menschen haben genügend Gründe, diese nicht in Anspruch zu nehmen, aber nicht den *einen* guten Grund, daran tatsächlich teilzunehmen. Der Vergleich mag schief sein, aber womöglich gibt es nicht nur in Bezug auf körperliche Fitness, sondern auch in Bezug auf Kirche einen inneren Schweinehund, der nicht einfach überwunden werden kann. Denn sowohl beim Sport als auch bei der Kirche geht es darum, sich selbst auf den Weg zu machen.

Über mein Engagement bei dem Netzwerk Emergent Deutschland bin ich mit dem Projekt »FreiRaum« in Kontakt gekommen. Der Leiter dieses Projekts lädt einmal in der Woche zu einem offenen Mitbringabendbrot ein. Brot und Butter stehen bereits auf dem Tisch. Alles Weitere müssen die Gäste selbst mitbringen. Hier machen sich Menschen aus dem ganzen Berliner Stadtgebiet auf den Weg, um miteinander Gemeinschaft zu haben, um zusammen zu essen, sich zu unterhalten und bei gewachsenem Vertrauen Freud und Leid miteinander zu teilen. Dieses Mitmachabendbrot ist kein missionarisches Angebot im klassischen Sinne. Es geht hier nicht darum, Menschen anzulocken, sie einzulullen, um sie dann zum christlichen Glauben zu bekehren. Im Vordergrund steht die Gemeinschaft und als Vorbild dient Jesus Christus, der alle Menschen einlädt, an seinem Tisch Platz zu nehmen.

An dem Zuspruch, den dieses Projekt erfährt, wird deutlich: Menschen brauchen Orte, um einander begegnen zu können, um miteinander ins Gespräch zu kommen, ohne irgendwelche besonderen Zugangsvoraussetzungen zu erfüllen. Kirche ist so ein Ort, an dem sich Menschen – egal aus welcher sozialen Schicht, aus welchem Milieu oder welcher Filterblase sie kommen – begegnen können. Gemeinde ist, so verstanden, weder ein elitärer Zirkel noch ausschließlich ein Sammelbecken der Mühseligen und Beladenen. In einer Gemeinde muss es so viel Raum geben, dass Menschen sich begegnen und aus dem Weg gehen können.

Platz und Angebot

Orte wie diese sind selten geworden und nehmen im öffentlichen Raum weiterhin ab. Der biedermeiersche Rückzug ins Private hat zur Zeit Hochkonjunktur. Ob gewollt oder nicht, sei dahingestellt. Dass Menschen aber ein Bedürfnis haben, in Kontakt und Austausch mit ihren Mitmenschen zu treten, ohne aber damit verbundene Verpflichtungen eingehen zu müssen (wie zum Beispiel die Mitgliedschaft in einem Verein), zeigt ein säkulares Projekt in Hemsbach. Seit wenigen Jahren freut sich die Stadt Hemsbach über eine *alla hopp!*-Anlage. Insgesamt gibt es 19 *alla hopp!*-Anlagen in der Metropolregion Rhein-Neckar. Es handelt sich dabei um generationsübergreifende Bewegungs- und Begegnungsräume, die von der Dietmar Hopp Stiftung gespendet werden. Eine *alla hopp!*-Anlage ist im Prinzip nichts anderes als ein Spielplatz für Kleine und Große. Die *alla hopp!*-Anlage ist wie eine Art Parcours angelegt. Zwischendrin befinden sich Rasenflächen und Sitzgelegenheiten, die zum Verweilen einladen. Es gibt auch einen Pavillon für Veranstaltungen sowie sanitäre Einrichtungen. Und das Beste daran: Es kostet nichts. Jeder kann dort hingehen, schaukeln, klettern, die Wasserpumpe bedienen, balancieren, rudern oder Klimmzüge machen. Bei schönem Wetter ist auf der *alla hopp!*-Anlage der Bär los. Viele Familien und Freund*innen treffen sich dort, machen ein Picknick, unterhalten sich, während die Kinder unterwegs sind. Die Stimmung ist friedlich und das Publikum gemischt.

Auch hier zeigt sich: Menschen brauchen Orte wie diesen, an denen sie sich unkompliziert treffen, ihre freie Zeit verbringen können und für alle Generationen Platz ist. Die *alla hopp!*-Anlage leistet also das, was eine Grundaufgabe von Kirche und Gemeinde vor Ort sein kann: Sie schafft die Voraussetzung dafür, dass Menschen in ihrer Verschiedenheit zusammenkommen. Was es dafür braucht, ist zum einen ausreichend Platz. Damit keiner dem anderen auf die Füße tritt. Was es aber zum anderen auch braucht ist ein gewisses

Angebot. Eine große Wiese allein reicht nicht. Im Fall der *alla hopp!*-Anlage handelt es sich dabei um unterschiedliche Spiel- und Sportgeräte. Es wären aber auch andere Dinge denkbar. Genügend Platz sowie einzelne Attraktionen sind also die Basis für diesen Ort des friedlichen Zusammenseins. Natürlich gibt es auch andere Faktoren, die langfristig berücksichtigt werden müssen. Aber fürs Erste will ich es bei diesen beiden Merkmalen belassen.

Garten Eden in Hemsbach

Von »FreiRaum« und der *alla hopp!*-Anlage können wir im Hinblick auf unsere eigene Gemeindearbeit Wesentliches lernen. Im Grunde braucht es nicht viel: Es braucht jemanden, der da ist, der die Türen öffnet, Menschen willkommen heißt und ansprechbar ist in Bezug auf Alltägliches, aber auch jemanden, der Rechenschaft ablegt über die Hoffnung, die trägt. Außerdem braucht es Platz und einen eigenen guten Grund zu kommen.

Der Grundstein dafür ist bereits gelegt. Wir haben nämlich nicht nur viele Steine, wir haben auch viel Platz. Um das Gebäudeensemble von Kirche, Gemeindehaus und Pfarrhaus befindet sich ein riesengroßer Garten, der bereits jetzt eine unwahrscheinliche Vielfalt aufweist. Im oberen Teil spendet eine riesige Zeder im Sommer Schatten, und ein großer Wallnussbaum schenkt uns im Herbst unzählige Nüsse. Im unteren Teil gibt es eine breite Rasenfläche, die zum Toben einlädt. Es sind kleine Blumenbeete angelegt. Eine alte Weinrebe umrankt ein Carré, in dessen Mitte ein Kirschbaum steht. Und es gibt noch weitere Obstbäume und

Sträucher, in denen Vögel sich ihr Nest bauen oder Kinder sich dahinter verstecken können. Für mich gleicht dieser Ort einem kleinen Paradies. Mein Wunsch ist es, dieses Paradies wieder den unterschiedlichsten Menschen zugänglich zu machen. Die Schwelle ist sehr niedrig, denn die Tore sind bereits weit geöffnet. Was fehlt, ist die Gelegenheit. Viel braucht es nicht. Ein paar Bänke zum Sitzen, Reden und Ausruhen, Bäume zum Klettern, Sträucher zum Naschen, Platz zum Spielen und ein weiter Himmel zum Träumen: ein Ort des Miteinanders. Der Pfarrgarten soll nicht in eine öffentliche Parkanlage verwandelt sondern als kirchlicher Ort neu von den Menschen entdeckt werden. So wie Kirche und Gemeindehaus, so ist auch der Garten dazu gedacht, dass Menschen natürlich Gemeinschaft untereinander erleben und dadurch auch Gemeinschaft mit Gott erfahren können. Wir laden im Namen Gottes alle Menschen ein.

Über all die Jahre hat die Gemeinde viele Steine aufgetürmt. Sie hat Staub angesetzt, weil Türen verschlossen und Orte ungenutzt blieben. Im Ringen darum, diesen Orten neues Leben einzuhauchen, können Steine, die uns so viel zu tragen geben, neu entdeckt werden und sich in lebendige Steine verwandeln. Der Pfarrgarten in Hemsbach kann, wenn er seiner neuen, alten Bestimmung wieder zugeführt wird, sich in einen neuen Ort verwandeln, in einen echten Garten Eden. Der Mensch ist schon einmal aus dem Paradies vertrieben worden, hier bekommt er die Chance, als Gast dorthin von Zeit zu Zeit zurückzukehren, um neu zu erfahren, was es heißt:

... da berühren sich Himmel und Erde, dass Friede werde unter uns.

ICH SEHE DICH. KIRCHE ALS ORT DER BEGEGNUNGEN

Dominik Storm

Im Vikariat habe ich viel über die Kernfelder pastoralen Handelns wie Predigt, Liturgie, Kasus, Gemeindeaufbau, Diakonie gehört und munter mitdiskutiert. Ich erinnere mich, wie ich an alle diese Dinge nach und nach einen Haken gesetzt habe. »Ok, Predigt auf dem Schützenfest hast du jetzt kapiert. Weiter im Text, nächstes Projekt: Seelsorge am Krankenbett.« Nicht allzu streng möchte ich mit mir sein, doch eines erkenne ich retrospektiv: Dass es hinter all diesen großen Überschriften um Begegnungen, Nahkontakte mit Menschen in konkreten Lebenssettings geht, ging mir jedenfalls in theoretischer Reflexion häufig ab.

Nun ist etwa ein Jahr seit meinem Berufseinstieg als Pastor vergangen. Weder ist mein Start total in die

Hose gegangen, noch ist alles rundum glücklich verlaufen. Aber eine Dimension kommt mir in den Sinn, ohne die ich Kirche nicht denken kann. Ich möchte in diesem Beitrag eine Spur verfolgen, die mir wegweisend für die Arbeit als Pastor scheint: Kirche Jesu Christi zeichnet sich vor allem anderen durch Begegnung und Beziehungspflege aus, aus denen heraus sich Gemeinschaften bilden. Es geht mir um die, für mich jedenfalls, so leicht zu übersehende Spur, mit anderen Menschen Ausschau nach Gottes Liebe zu halten. Und deshalb möchte ich im Folgenden von drei Begegnungen erzählen, die mir die Schönheit, Notwendigkeit und Verheißung real existierender Gemeinde vor Augen malen.

Erste Begegnung

Ich war in meinem Dorf so ein normaler Jugendlicher. Ich hatte zu Kirche und Glaube keine engeren Berührungspunkte. Irgendetwas gab es da wohl, aber nicht für mein Leben im Konkreten. Zum Konfirmandenunterricht ging ich dennoch. Zum einen, weil die anderen Kinder aus meinem Dorf das auch taten. Zum anderen, weil ich noch nie im Ausland war und unbedingt einmal nach Schweden wollte. In der Konfirmandenzeit wurde eine Freizeit dorthin angeboten.

Im Konfirmandenunterricht und auf dieser Freizeit änderte sich mein Verhältnis zum Glauben grundlegend. Da waren Menschen, die in ganz normaler Weise von ihrem Christusglauben im Alltag erzählten. Gott als Fixpunkt, der sie mitten in ihrem Leben aufrichtet, ermutigt, freisetzt, schirmt und hält. Das hat mich zunächst nur beeindruckt. Berührt war ich, als ich spürte: Diese

Menschen sehen mich, fragen nach mir, haken nach. In dieser Gemeinschaft darf ich vorkommen, wie ich bin. Sie hören hin, beten mit uns Jugendlichen in einer Weise, die unser Leben vorkommen lässt. Ich hätte das damals so nicht beschreiben können, aber dieses Interesse an mir als Person war wohl der Türöffner in das Land des christlichen Glaubens. So hört man es von vielen Menschen: Glaube entsteht durch persönlichen Kontakt. Immer mittelbar. In biblischen Geschichten hörte ich erstmalig von Menschen, die mit ihren brüchigen und fragmentarischen Biografien Gott suchten, von ihm angesehen wurden und wie ihr ganzes Leben in ein Licht von Liebe, Annahme, Vergebung und Aufrichtung gestellt wurde.

Die Begegnungen mit anderen Christen waren der Gamechanger auf meinem Weg. Nicht alle Fragen waren geklärt, nicht alles wurde eindeutig für mich, aber von nun an lief mein Leben unter einem anderen Vorzeichen: Ich wusste mich umgeben von diesem warmen Licht, in dem ich mit all dem, was ich je gedacht, gesagt und getan hatte, sein durfte.

Zweite Begegnung

Die Situation: Vorbereitung einer Passionsandacht im März 2019. Einigermaßen müde nach langem Tag treffe ich abends einen Kirchenvorsteher. Ich habe verschiedene Menschen aus der Gemeinde angefragt, die Andachten auf dem Weg Richtung Karfreitag hin mitzugestalten. Thema: Die Ich-Bin-Worte Jesu. Nun treffe ich Mario. Recht wenig haben wir bisher inhaltlich miteinander gesprochen, seitdem ich im Mai 2018 meine erste Stelle in Frille angetreten habe. Nun kommen wir zusammen und planen die Andacht. Es geht um den guten Hirten. Nach kurzem Smalltalk reden wir über das Jesuswort. Was es in uns anstößt. Was es für Gedanken und Fragen in uns auslöst. Wir kommen auf Psalm 23 zu sprechen.

Auf meine Frage, wer der gute Hirte für Mario sei, erzählt er vom Schatz seines Glaubens. Das lässt sich nun nicht so gut beschreiben, weil er gerührt klingt und in seinen Augen etwas aufleuchtet, das nach Zuhause aussieht. Doch ich spüre an seinem Erzählen, dass sich da tief in seiner Biografie etwas eingetragen hat, sich ein Vertrauen in Gottes gute Absicht für sein Leben zeigt.

Und dann fragt er mich ungeniert nach einem dunklen Tal in meinem Leben. »Ob ich schon wanderte im finstern Tal?« Was für eine Frage! Unverschämt? Auf alle Fälle. Im besten Sinne des Wortes. »Denn ich schäme mich des Evangeliums nicht«, sagt Paulus einmal. Und ich spüre im Erzählen, dass alle Scham von mir weicht und ich mit Mario eines meiner dunklen Täler teile, in dem ich Gottes Gegenwart erlebt habe.

Das Besondere an diesem Moment ist, dass ich nicht weiß, was ihn ausgelöst hat und wodurch er entstand. Das Einzige, was wir hatten: Zeit, ein Wort und eine Gestaltungsaufgabe. Und die leise Hoffnung, dass Menschen in der Passionsandacht durch biografische Glaubenserlebnisse berührt werden und ihre Entdeckungsreise in ein Land des Glaubens erstmalig oder wieder aufnehmen. Ein Land, das geprägt ist von offenen Ohren, von Mitleiden Vergebung, Taktgefühl, Freundlichkeit und Hoffnung.

Dritte Begegnung

Zum Ende meines Vikariats hatte ich die Gelegenheit, für einige Monate die Willow Creek Church in Huntley in den USA zu besuchen. Was mich nachhaltig bewegt, ist die Frage, die sich die Willow Creeker stellen:

Wie können Menschen in ihrer Lebenssituation mit dem Evangelium in Berührung kommen? Für einige mag diese Frage abgedroschen klingen, meine Freunde von Willow Creek würden allerdings antworten: Das ist die einzig wichtige Frage, die es immer wieder neu zu beantworten gilt! Was können wir heute tun, damit Menschen im Gottesdienst, im Miteinander, im Umgang mit den Schwachen die Liebe Gottes erfahren? Welche Formen von Musik und Kunst, welche diakonischen Hilfestellungen, welche Projekte helfen Menschen mitten unter uns, würdevoll zu leben und Vertrauen zu Jesus zu gewinnen? Vertrauen, dass der Glaube auch jenseits der Kirchenmauern das Leben im Alltag heilsam prägen will?

Ein Ausdruck, der diese geistlichen und theologischen Ziele bebildert, ist der sozialdiakonische Arbeitszweig von Willow Creek. Unmittelbar gegenüber dem Gottesdienstsaal liegt das Care Center. Diese bautechnische Entscheidung ist zugleich eine geistliche: Wenn ich aus dem Gottesdienst komme, sehe ich Menschen, die Hilfe brauchen und elementare Bedürfnisse haben. Im Care Center gibt es eine Autowerkstatt, wo mittellose Menschen ihre Autos reparieren lassen können, ein Kleidungsgeschäft und einen Lebensmittelladen, eine Augenarzt- und eine Zahnarztpraxis, eine Kinderbetreuung, eine Schuldnerberatung und Englischsprachkurse. Das Center besteht aus einem Team von insgesamt 2.000 Ehrenamtlichen. Doch hier steht meinem Eindruck nach nicht die Zahl im Fokus. Das Motto ist: »Fighting poverty and injustice so that lives are transformed and Jesus is known.« Die Atmosphäre im Care Center ist sehr besonders. Wenn meine Frau und ich montags zur Mitarbeit ins Care Center gingen, erlebten wir eine sehr freundliche, entspannte Stimmung. So liebevoll die Mitarbeitenden es vermögen, bieten sie den Bedürftigen einen Raum, der geprägt ist von Würde und Respekt. Was mich bewegt, ist der bewusste Blick für den anderen. Die Ehrenamtlichen, die Volunteers, tanken in Gottesdiensten und Hauskreisen selbst auf, hier sind sie ganz für andere da. Sie geben nicht nur, sie opfern: Zeit, Kraft, Interesse am Einzelschicksal. Am Eingang des Care Center sind auf einer Fläche von etwa vier mal vier Meter drei Worte angebracht: Hope, Joy, Life. Hoffnung, Freude und Leben sollen jedem zugänglich sein, auch denen, die sich gar nicht zur Gemeinde gehörig fühlen, sondern einfach Hilfe brauchen. Die englische Redewendung »belonging before believing« findet hier konkreten Ausdruck.

Bonhoeffer fragt: »Wer ist Jesus Christus für uns heute?« Sowohl bei Bonhoeffer als auch bei Willow geht es nicht darum, dass sich das Wesen Jesu ändert; vielmehr geht es um das *für uns*: Wer sind die Menschen, die in meinem Dorf leben, die in meinem Ort zum Bäcker gehen oder im Supermarkt an der Kasse sitzen? Und in diesen Menschen begabte, begrenzte, verletzliche und vor allem von Gott geliebte Menschen zu sehen, die Teil einer real existierenden Gemeinde sein dürfen. Teil einer Gemeinde, die sowohl durch stimmige und zeitgemäße Gottesdienste als auch durch diakonische Projekte lokal und global aktiv ist.

Es tun nicht einfach alle alles. Nick, der Technical Director von Willow Huntley, antwortete mir auf meine

Frage nach seinem Umgang mit den Ehrenamtlichen: »Es ist eine meiner Hauptaufgaben, für die Ehrenamtlichen in meinem Bereich zu sorgen, mit ihnen gemeinsam ihren Platz, ihre Gabe und ihre Aufgabe in der Gemeinde zu entdecken, die ihnen entspricht und ihnen Freude macht.« Ich fragte direkt zurück: »Und, wie machst du das?« »Ich höre hin und ich frage nach, ermutige und hake nochmal nach«, war die Antwort. It's all about relationship. Es geht um Beziehungen!

Ich möchte folgende Frage für meinen Kontext stellen lernen: Welche Ausdrucksformen von Kirche entsprechen den Menschen in meinem Ort, tun ihnen gut und führen sie in eine alltagstaugliche Gottesbeziehung? Denn das ist schon die Frage: Wie gelingt es uns Hauptamtlichen, dass wir Räume des Miteinanders entstehen lassen, in denen Menschen sich durch andere, durch Christus getröstet, geliebt, begabt, ermutigt und gesendet wissen?

Und: In welche Richtung muss ich umkehren, um diese von Gott geliebten und wertvollen Menschen wirklich zu sehen? Wenn das geschieht, ist es ein guter Weg.

EINMAL ECKE 60TH STREET & 9TH AVENUE

Markus M. Totzeck

In the day of the Lord

Am Sonntagnachmittag, dem 22. April 2018, sitze ich in der Church of St. Paul the Apostle, Ecke 60th Street & 9th Avenue in New York City. Zwei Freunde haben mich eingeladen und begeistert von den Gottesdiensten am späten Sonntagnachmittag erzählt. Ich schaue mich um. Zehn Minuten vor dem Gottesdienst und die große Kirche scheint noch relativ leer zu sein. Fünf Minuten später hat sich die Reihe mit vier bis fünf weiteren Besuchern gefüllt. Ein paar Minuten danach blicke ich mich noch einmal um: kaum noch ein einziger Platz frei in den langen Kirchenbänken. Das müssten vielleicht um die 400 Menschen sein. Was besonders auffällt, ist, dass jedes Alter und auch Menschen unterschiedlichster sozialer Herkunft vertreten sind. Vor allem aber sieht man auch die

Gruppe, die in Deutschland kaum bis gar nicht mehr zum »normalen« Sonntaggottesdienst geht: junge Erwachsene besonders ab 20 Jahren aufwärts. Ich bin gespannt darauf, was so viele Menschen in die etwas dunkel wirkende katholische Kirche führt. Vorne beobachte ich eine Gruppe von ca. 15–20 jungen Menschen im Studentenalter, die einen Kreis bilden und offensichtlich noch kurz vor dem Gottesdienst gemeinsam miteinander beten. Sie nehmen im äußeren Altarraum Platz und eine Handvoll von ihnen geht bald an die Instrumente, die rechts vom Altar stehen. Der Gottesdienst beginnt, und zwar gleich mit Musik: »In the day of the Lord.« Wir singen alle mit. Am liebsten würde man aber einfach auch nur zuhören, so eingehend sind die Musik und der Gesang dort vorne. Die jungen Studenten entpuppen sich als eine Gruppe talentierter Musiker, jede und jeder für sich. Später erfahre ich, dass es dem leitenden Priester der Church of St. Paul the Apostle gelungen ist, eine Kooperation mit der Juilliard School New York aufzubauen, einer der renommiertesten amerikanischen Hochschulen für Musik und Schauspiel. Junge Christinnen und Christen von der Julliard gestalten nun den Gottesdienst musikalisch mit. Das, was mich beim Zuhören in der Kirche wirklich beeindruckt, ist, dass es dabei nicht bloß um Lieder und Musikstücke geht, die vorgetragen werden, sondern dass die Musiker und Sänger fest in die Liturgie eingebunden sind. Eine Art Vorsänger steht vorne am Lesepult und trägt Melodien so vor, dass die Gemeinde gleich lauthals beim Antwortgesang einstimmt. Mir kommt der Gedanke: Vielleicht wird es unter den Besucherinnen und Besuchern des Gottesdienstes auch den einen oder die andere geben, die ausschließlich wegen dieser mitreißenden Musik in den Gottesdienst gekommen ist. Aber warum auch nicht? Ist das nicht auch schon Verkündigung genug? Und ist nicht gerade die Liturgie immer wieder ein Schwachpunkt in den »neu« gemeinten Gottesdiensten, die ich selbst in Deutschland erlebe? Da wird schon der Einbau eines anderen Kyrie-Gesangs manchmal als etwas Neues verkauft, mit dem man doch bewusst die Liturgie der Gemeinde »modernisieren« wolle und sogar einen bösen Blick der »älteren Kerngemeinde« in Kauf nehme. Anders in der New Yorker Kirche. Das, was hier erklingt, ist eine ganze Reformliturgie und sie bewegt die Menschen.

Von New York in den Ruhrpott

Richtige Inspiration bewegt wirklich etwas! Sie lässt auch das Vergangene im ganz anderen Licht erscheinen, so dass sich etwas innerlich bewegt und neue Perspektiven eröffnet werden. Zuerst denke ich für einen kurzen Augenblick an meine Vikariatszeit im Ruhrgebiet und mein eigenes Gemeindeprojekt zurück. Damals bin ich selbst einen anderen Weg gegangen und habe mit einem Team unter dem Namen »Junge Kirche Wetter« ein Angebot von Gottesdiensten mit ganz wenigen liturgischen Elementen entwickelt. Die Projekt-Gottesdienste drehten sich um aktuelle Themen und sollten möglichst niederschwellig und einladend sein. Das Ziel des Projektes war es, Menschen in Kontakt mit der Kirche zu bringen, denen die traditionellen Formen des Gottesdienstes fremd geworden sind. Dazu noch interessante Interviewpartner und gute musikalische Beiträge, die Nutzung digitaler und sozialer Medien. Ja, es hat funktioniert. Aber wenn ich heute zurückblicke, bleibt der Eindruck, dass solche offenen Formen des Gottesdienstes immer nur ein Teil des Gemeindelebens sein können. Vergleichbare Formate, die in der westfälischen und in anderen Landeskirchen nun bewusst unter dem Namen »Fresh X« oder »Fresh Expressions of Church« beworben werden, sind nötig, um zumindest einen Teil der jüngeren Generationen, der sich nicht mehr im Sonntagsgottesdienst zu Hause fühlt, ein Zuhause in der Kirche geben zu können. Wir brauchen solche Projekte, aber brauchen wir nicht eigentlich viel mehr als das? Reichen Projektkirchen und neue Gottesdienstformate aus, damit die christliche Kirche auch noch im 21. Jahrhundert für möglichst viele Menschen ein Zuhause bieten kann?

In the day of the Kirchenmitgliedszahlen

»In the day of the Lord« – das Lied von *M.D. Ridge* bleibt hängen und ich werde den Ohrwurm lange nicht mehr los. »In the day of the Lord, the sun will shine like the dawn of eternal day.« Für viele scheint die Sonne bei der Kirche schon lange nicht mehr. Kirchenmitgliedszahlen und Zukunftsprognosen für das Jahr 2060 haben die Sorgenfalten vor allem auf den unterschiedlichen Leitungsebenen der evangelischen Kirche in Deutschland tiefer werden lassen. Dass das aufwendige Zahlengerüst immer nur ein Arbeitsschritt auf dem Weg für wirkliche Zukunftslösungen sein kann, sollte doch eigentlich selbstverständlich sein. Doch stattdessen wird dieser Schritt in unterschiedlichen Leitungsebenen der evangelischen Kirche häufig an die Gemeinden weitergereicht. Immerhin zeigt die Kirche an der Ecke 60th Street & 9th Avenue, dass das dann oft wirklich vor Ort besser gelingt als in Strategiepapieren. Und so blicke ich auch wieder nach vorne. Jetzt nicht mehr in die Zukunft, sondern nach vorne in der New Yorker Kirche. Und ich höre zu.

Die folgende Predigt eines jungen Priesterkandidaten steht dann gar nicht so sehr im Mittelpunkt an diesem Nachmittag. Er wirbt für die Unterstützung der eigenen bevorstehenden Mission. Viele Menschen mit einer freien und aktuellen Predigt mitzureißen, wie es der leitende Priester der Gemeinde, so wurde mir erzählt, regelmäßig schafft, das gelingt an diesem Nachmittag nicht so sehr. Aber das ist mir jetzt auch gar nicht so wichtig. Das kraftvolle Zeugnis anderer Beteiligter im Gottesdienst hätte im Grunde genommen neben der Liturgie und Musik schon ausgereicht. Dieses Zeugnis tritt am Ende des Gottesdienstes noch einmal besonders in den Vordergrund. Einzelne, vor allem junge Menschen, kommen nach vorne, um Initiativen und Gruppen der Gemeinde vorzustellen. Besonders engagiert wird unter anderem für eine christliche LGBT-Gruppe geworben, in der sich Schwule, Lesben, Bisexuelle und Transgender zu Hause fühlen. Das hat offensichtlich in dem New Yorker Stadtteil besonders gefehlt, obwohl sich New York doch sonst so oft als liberal und offen präsentiert. Am Ende des Gottesdienstes hat dann schließlich so gut wie niemand der Gottesdienstbesucherinnen und Gottesdienstbesucher eine Chance, nach draußen zu gelangen, ohne entweder einem der Pastoren oder der Mitarbeitenden aus den Gemeindegruppen über den Weg zu laufen. Und die Kontaktaufnahme ist gut geübt, wie ich schnell merke. Vielleicht wird an diesem Punkt die Bemühung um Gemeindeaufbau in der New Yorker Kirchengemeinde am deutlichsten. In jedem Fall hinterlässt das alles Spuren bei mir.

New York im Münsterland: von der Inspiration zur Vision

Eine Kirche wie die New Yorker Kirche an der Ecke 60th Street & 9th Avenue im Münsterland klingt zunächst einmal unsinnig, ja fast anstößig. Was ich in einer Megacity wie New York erlebt habe, das lässt sich doch nicht auf das Münsterland übertragen, oder etwa doch?! Echte Inspirationen haben gerade das an sich: Sie bringen einen nicht nur dazu, Vergangenes im neuen Licht zu sehen, sondern manchmal auch die Schritte ins Ungewisse zu wagen und die Inspiration zu einer Vision für die Zukunft werden zu lassen. In dieser Hinsicht wächst aus dem Erleben eine Idee, nämlich an einer Kirche mit einer möglichst demokratischen und offenen Beteiligung auf allen Ebenen mitzubauen, die von der Verkündigung bis in die Liturgie reicht und die gerade auch die Menschen besonders mitnimmt, deren Stimmen sonst in der Gesellschaft unterdrückt werden. Das gelingt in der New Yorker Kirche besonders und macht die eigentliche Inspiration »Einmal 60th Street & 9th Avenue bitte!« für mich aus. Und in dieser Weise wächst aus der Inspiration auch wirklich eine Vision.

Wie würde das New York im Münsterland nun konkret aussehen? Auf unterschiedlichen Ebenen würde zunächst einmal immer wieder neu die Frage gestellt werden, wie offen und beteiligungsfreundlich die Kirchengemeinde selbst ist und ob dafür noch etwas getan werden kann. Neue digitale und soziale Medien erleichtern in dieser Hinsicht vieles. Gemeindegliedern könnte z.B. die Möglichkeit gegeben werden, sich per Mausklick oder Voting auf dem Handy an der Gestaltung des Gottesdienstprogramms zu beteiligen. Der digitale Zugang zur Gemeinde würde gerade im ländlichen Raum wie dem Münsterland die zum Teil weiten Wege ersparen und auch Kirchendistanzierten zumindest einen punktuellen Kontakt und eine Beteiligung ermöglichen.

Bezogen auf den Gottesdienst geht es, kurz gefasst, um Folgendes: »Ich möchte ihn einfach nicht verpassen!« Vielleicht allein schon deswegen, weil die musikalische Gestaltung so mitreißend ist, dass ich unbedingt dabei sein will. Und nein, es muss nicht nur die Musik sein, aber sie ist und bleibt dabei in vielen Fällen ein wichtiger Faktor, zusammen mit der Liturgie. Auch hier sollte das Erlebnis im Mittelpunkt stehen, dass ich als Besucherin oder Besucher des Gottesdienstes ein Teil des Ganzen bin.

Während die Kirchengemeinde selbst im evangeliumsgemäßen Sinn für die Menschen vielfältige Formen annehmen kann und wird, muss es meiner Überzeugung nach auch im 21. Jahrhundert weiterhin einen Erfahrungsraum für Gottesdienste geben, in dem diese Vielfalt versammelt ist und erlebt wird. Das Modell der New Yorker Kirchengemeinde, in der die unterschiedlichen Initiativen und Gruppen der Kirchengemeinde am Ende des Gottesdienstes selbst einladende Zeugnisse abgeben, ist eine Möglichkeit. Die aber ohnehin schon in vielen Kirchengemeinden eingeübte Beteiligung von Kreisen und Gruppen an der Gottesdienstgestaltung wäre vielleicht aber sogar noch wichtiger. In der Konsequenz wird sich auch hierbei die Rolle der Pfarrerin und des Pfarrers im Gottesdienst verändern, denn sie oder er wird den eigentlichen Gestaltern, einer bestimmten Initiative, einer Gruppe oder einem Kreis, selber viel mehr zutrauen können: Wie sollten denn sonst Menschen auch im Gottesdienst erfahren, dass die Kirche wirklich Ernst machen will mit einer größtmöglichen demokratischen Beteiligung? So bleibt es dabei: Wer »Einmal 60th Street & 9th Avenue bitte!« ausspricht, wird es nicht bei einer Fahrt mit dem Taxi vor die Kirche belassen, sondern auch aussteigen, hineingehen, sich bewegen lassen und an Gottes Kirche von morgen mitbauen. Oder in dem Fall: am New York im Münsterland.

EIN ZUKÜNFTIGER BLICK ZURÜCK

Johannes de Vries

Viele kleine Schritte

Die Glocken schlagen. Die Herbstsonne strahlt fast sommerlich. Mit erhobenem Gefühl gehe ich auf die alte Sandsteinkirche zu. Ich blicke den Turm hinauf, von wo die Glocken tönen und seit über fünfhundert Jahren zum Gottesdienst rufen. Der sonntägliche Gang in den Gottesdienst prägt mein Leben.

Schon als Kind bin ich unter dem Schlagen der Glocken in die Kirche gegangen. Bald siebzig Jahre ist das her. Vieles hat sich seitdem in Kirche und Gemeinde verändert, manches ist gleich geblieben. Ich denke an meinen Vater, der dreißig Jahre Dorfpastor in Ostfriesland direkt hinter dem Deich war. Ich erinnere mich noch gut an seinen letzten Gottesdienst vor dem Ruhestand – heute werde ich mich selbst aus dem aktiven Dienst verabschieden. Mein

Vater war sechzig, als er 1998 in den Ruhestand ging, ich werde übermorgen am 1. Nov. 2050 siebzig Jahre alt – nur ein Beispiel dafür, dass die Kirche als wanderndes Gottesvolk sich geändert, weiterentwickelt hat. Im Rückblick denke ich: Gut hat sie sich entwickelt. Ist mit der Zeit gegangen, ohne sich zu verbiegen. Sogar so etwas wie einen neuen eigenen Stil hat sie gefunden. Hat die großen Krisen wie die demographische Entwicklung, die Austritte, den knappen pastoralen Nachwuchs und die Herausforderungen einer zunehmend einerseits pluraleren, andererseits kirchenskeptischeren Öffentlichkeit gut bestanden. Dabei gab es nicht einen großen Wurf, nicht eine kirchliche Revolution, sondern viele kleine Schritte und kluge Maßnahmen. Als ich vor 35 Jahren meinen Dienst antrat, war das alles noch nicht abzusehen. Damals hatte ich manchmal das Gefühl, anstatt auf die Herausforderungen der Zeit eine eigene Antwort zu finden, würde die Kirche kopflos, fast panisch und vor allem kurzsichtig gesellschaftlichen Trends hinterherlaufen. Doch sie hat einen guten Weg gefunden, ihre wertvollen Traditionen lebendig zu wahren und zugleich einen Platz in der Gegenwart zu finden.

Ich setze meinen Weg fort, die Ledersohlen meiner Schuhe schlagen auf das Kopfsteinpflaster: Klack-Klack. »Guten Morgen«, höre ich hinter mir und drehe mich um. Nesrim Saberinegad lacht mich an und reicht mir die Hand: »Und? Bist du aufgeregt?« Nesrim lebt schon seit über 30 Jahren in unserem Ort. Einst kam sie als Flüchtling aus dem Iran, als Konvertitin fürchtete sie um ihr Leben. Doch ihre Hilfsbedürftigkeit hat sich in Stärke gewandelt. Schon seit Jahrzehnten arbeitet sie als Ärztin und ist nun auch seit fünf Jahren Vorsitzende unseres Kirchenrates. Darüber freue ich mich sehr: Denn – so mein Eindruck – mit ihrer Wahl wird sichtbar, dass auch unsere Gemeinde den Weg aus ihrer ethnisch-kulturellen Nische herausgefunden hat und Teil der pluralen Gegenwartsgesellschaft ist. Heute ist Nesrim nur eines von vielen Gemeindemitgliedern, die ihre Wurzeln in der weltweiten Ökumene haben, aber aus verschiedenen Gründen in unseren Ort zogen und in unserer Gemeinde eine Heimat finden konnten.

Weltdorf Kirche

Ankommen im globalen Dorf war ein Thema, das uns als Kirche länger beschäftigte. Eigentlich hatten wir ja die besten Voraussetzungen. Schließlich sind wir als Kirche eine weltweite Gemeinschaft – jedenfalls in der Theorie. Doch lange war die weltweite Kirche ein Randthema, das zwar Missionskreise, später dann Partnerschaftsgruppen beschäftigte, aber nicht in der Mitte der Kirche ankam. Doch das änderte sich: In dem Maße, in dem immer mehr Gemeindeglieder durch Auslandsaufenthalte, Mediennutzung, dienstliche Zusammenhänge oder Bildung eine globale Perspektive gewannen, wurde der Blick auf die weltweite Kirche nicht nur selbstverständlicher, sondern auch zur Glaubwürdigkeit vor einer global denkenden Öffentlichkeit notwendig. Die Folge der neuen Aufmerksamkeit: Impulse aus der weltweiten Ökumene prägten unsere Kirchen und Gemeinden stärker als zuvor – nicht im Sinne einer exotischen Folklore, sondern inhaltlich. Mein Eindruck: Das hat uns reicher und lebendiger gemacht.

Globalisierte Welt bedeutet auch zunehmende Mobilität und Migration. Selbst in unserer ländlich geprägten Kleinstadt leben schon seit Jahrzehnten mehr und mehr

Menschen, die aus anderen Teilen der Welt hergezogen sind und ihre Kultur und Religion mitbringen. Doch nur langsam wuchs auf allen Seiten das Bewusstsein, dass die neu entstandene interreligiöse Nachbarschaft nicht nur auf Zeit, sondern dauerhaft bestehen würde. Interreligiöse Gesprächskreise und einzelne gemeinsame Veranstaltungen waren der Anfang, bald fanden wir feste Formen, wie unsere Kirchengemeinde und die muslimischen Gemeinschaften vor Ort ihre Nachbarschaft gestalteten. Denn einerseits entspricht es unserem Selbstverständnis und andererseits ist es auch als Zeugnis notwendig, dass wir als Religionsgemeinschaften Brücken bauen – und nicht nur nebeneinanderher leben.

Bewusste Zugehörigkeit

»Alles Gute für heute«, ruft Nesrim mir zu und läuft mit schnellen Schritten weiter Richtung Kirchentür. Ich bin nicht so schnell, heute will ich mir Zeit lassen. Ich sehe mich um. Etliche Menschen sind am Morgen unterwegs. Manche Nachtschwärmer sind müde auf dem Heimweg. Andere gehen zum gemeinsamen Brunchen. Einige sind auf dem Weg in den Gottesdienst.

In dem ostfriesischen Dorf, in dem ich aufgewachsen bin, war die Kirchenmitgliedschaft noch weitgehend selbstverständlich. Doch was sich damals schon in den größeren Städten abzeichnete, erreichte bald auch den ländlichen Raum: Die Kirchenmitgliedschaft wurde eine unter vielen Möglichkeiten. Mein Eindruck war: Selbst viele Kirchenmitglieder wussten gar nicht so recht, warum sie in der Kirche sind und was die Mitgliedschaft für sie bedeutete.

Es wurde ganz deutlich, dass die Kirche klare Antworten finden und kommunizieren musste: Was bedeutet es, im 21. Jahrhundert in Deutschland Christ zu sein? Warum Kirchenmitgliedschaft? Sehr deutlich sah ich die Schwierigkeiten, die eine allgemeine Beantwortung dieser Frage mit sich brachte: Wie sollten Christsein und Kirchenmitgliedschaft in ihrer Komplexität auf einen griffig vermittelbaren Nenner gebracht werden? Ich fürchtete: Ein einfaches formelhaftes Bekenntnis als Grundlage für Christsein und Kirchenmitgliedschaft oder einfache Leitbilder würden nicht nur zur kurz greifen, sie würden auch viele Glaubens- und Lebensweisen ausschließen.

Zugleich war mir klar: Wer auch zukünftig zur Kirche gehört wird, wird wissen warum oder wird nicht mehr dazugehören. Immer noch freue ich mich über den guten Vorschlag, der den gordischen Knoten durchschlug und uns half, in der Kommunikation nach innen und außen ein klares und identitätsstiftendes Bild von Christsein und Kirchenmitgliedschaft zu zeichnen, das weder unterkomplex noch ausschließend war. Die Kirchenmitglieder heute wissen viel genauer als zur Zeit meines Dienstantrittes oder gar meiner Kindheit, warum sie zur Kirche gehören und was es für sie bedeutet, Christ zu sein.

Kontaktarbeit

Die schweren Eichentüren der Kirche stehen offen. Von drinnen lacht mich ein junger Mann an, er ist Mitglied im Kirchenrat und macht heute den Begrüßungsdienst. Ich trete ein, wir begrüßen einander. Die ersten Gottesdienstbesucher stehen im Café-Bereich hinter den Kirchenbänken in kleinen Gruppen zusammen und sind in Gespräche vertieft.

Als Kirchengemeinde sind wir eine Gemeinschaft. Das habe ich immer als Stärke erlebt. Die zunehmende Individualisierung und Entsolidarisierung der vergangenen Jahrzehnte hat unserer Kirchengemeinde die Chance eröffnet, mit dem Angebot einer offenen Gemeinschaft ein einladendes und tragfähiges Gemeindekonzept zu entwickeln, das zugleich gesellschafts-diakonischen Charakter hat. Unter dem Schirm dieses Konzeptes haben wir uns immer wieder neue Methoden und Projekte überlegt, um zwanglos Gemeinschaft erlebbar zu machen. Ein eigentlich alter Hut war regelmäßig besonders beliebt: das Walking-Dinner.

Gemeinde lebt von und in Beziehungen. Auch die pastorale Arbeit erlebe ich an vielen Stellen als Kontakt- und Beziehungsarbeit. Es ist gut, dass die Gemeindeglieder Gesichter kennen und mit Kirche verbinden. Sie wissen, dass sie meine Kolleg*innen und mich ansprechen können, und tun dies auch oft. Denn häufig entstehen bedeutungsvolle Begegnungen erst nach dem zweiten oder dritten Kontakt. Das war schon in meiner Kindheit so und hat sich in den letzten Jahrzehnten nicht verändert. Ich erinnere mich, dass mein Vater viel mit seinem Fahrrad in der Gemeinde unterwegs war und meist spontane Hausbesuche machte. Sein Kontakt zu den Gemeindegliedern war eng. Doch wurde diese Form der Arbeit mit der Ausdünnung der pastoralen Versorgung immer schwieriger, bald war ich für mehr als dreimal so viele Gemeindeglieder wie mein Vater zuständig. Auch war es mit dem Gedanken der pastoralen Arbeit als Teamarbeit nicht mehr zeitgemäß, Kontakt- und Beziehungsarbeit an einzelne Pfarrpersonen zu binden.

Stattdessen wurde in vielen Gemeinden ein neues Konzept der Kontaktarbeit angestrebt. Ziel war, dass jedes Gemeindeglied regelmäßige Begegnungen mit Pastor*innen und ehrenamtlich Engagierten hat und eine*n Ansprechpartner*in kennt. In unserer Gemeinde haben wir dazu straßenweise immer um die 100 Gemeindeglieder zu einem Begegnungsabend eingeladen, von denen ungefähr ein Drittel die Einladung annahm. Mit monatlichen Begegnungsabenden hatten wir nach ca. fünf Jahren allen Gemeindegliedern ein Kontaktangebot gemacht und waren vielen von ihnen konkret begegnet.

Vom Einzelkämpfer zum Pfarrteam

Ich gehe in einen Nebenraum. Hier ziehe ich mir den Talar an, den ich vor Jahrzehnten bei meinem ersten Gottesdienst getragen hatte. Einige Mitglieder des Kirchenrates warten hier schon. Meine drei Kollegen kommen herein: »Wir wollten dir noch einmal alles, alles Gute für diesen besonderen Gottesdienst wünschen. Wir haben auch ein Abschiedsgeschenk für dich – aber das gibt es erst nach dem Gottesdienst.« Sie grinsen. Ich grinse zurück: »Ihr macht es aber spannend.«

Der Pfarrdienst hat sich seit den Dienstjahren meines Vaters sehr verändert. Er war allein in seiner kleinen Gemeinde für alle Aufgaben zuständig. Kolleg*innen traf er einmal im Monat bei der Pfarrkonferenz. Die Zusammenarbeit beschränkte sich auf gegenseitige Urlaubsvertretung. Zu Beginn meines Dienstes war das in vielen Gemeinden unverändert. Durch die zunehmende Kürzung von Pfarrstellen schien der Einzelkämpfer immer mehr die zukünftige Schablone des Pfarrberufes zu werden.

Damals wurde in der Kirche die mutige Entscheidung getroffen, dass Pastor*innen gemeindeübergreifend in Teams arbeiten sollten. Methodische Reflexion, Vorgaben zur Teamarbeit, verbindliche Teamsupervision, Schlichtungsinstanzen außerhalb der Gemeinde trugen dazu bei, dass das Gelingen der Teamarbeit nicht dem Zufall bzw. dem Geschick der beteiligten Personen überlassen wurde. Die Pfarrteams prägten das Bild des Pfarrberufes nun um.

In den Pfarrteams geht es seitdem um aktive Zusammenarbeit und nicht mehr nur darum, im besten Fall konfliktfrei nebeneinanderher zu arbeiten. Die Etablierung von Pfarrteams führte schnell zu einer qualitativen Verbesserung der pastoralen Arbeit. Im Team lassen sich pastorale Aufgaben und Herausforderungen besprechen und gemeinsam reflektieren. Neue Ideen werden gemeinsam entwickelt. Punktuell können Aufgaben gemeinsam wahrgenommen, ausgewertet und interkollegial reflektiert werden. So lässt sich vermeiden, dass einzelne einen Tunnelblick entwickeln und sich verrennen. Weitere Vorteile liegen auf der Hand: Durch das Team besteht eine personenunabhängige Kontinuität der pastoralen Arbeit und Vertretungsdienste lassen sich leichter organisieren.

Mehr noch: Mit den Pfarrteams konnten wir eine weitere Professionalisierung durch Spezialisierung erreichen. Mit »professioneller« meine ich methodisch vielfältig und sicher, reflektiert und evaluiert. Früher war mein Eindruck, dass wir Pastor*innen ein zu großes Feld bespielten, oder besser: Wir spielten zu viele Sportarten auf einmal. Wir begleiteten Familien und Senioren. Begegneten kleinen Kindern im Kindergottesdienst und Dementen im Pflegeheim. Sprachen mit Konfis über Gott und die Welt und leisteten Trauerarbeit. Vieles Weitere ließe sich ergänzen. Zu diesen pastoralen Kernaufgaben kamen noch verschiedene andere Aufgaben wie Verwaltung, Entertainment, Eventmanagement hinzu und genauso individuelle Schwerpunkte von Diakoniekreisen über Partnerschaftsarbeit bis hin zu Motorradgottesdiensten. Ich erledigte diese Aufgaben mit Intuition, einigen methodischen Grundwerkzeugen und, das gebe ich zu, auch viel Improvisation. An einigen Stellen gelang mir durch Praxiserfahrung, Fortbildung, Kollegengespräch und Literatur eine Vertiefung meiner Arbeitsqualität. Aber an vielen Stellen blieb ich auch ein gebildeter Laie. In den Pfarrteams, die später eingeführt wurden, war es nun möglich, Aufgaben zu verteilen und Schwerpunkte zu bilden, so dass die zuständigen Kolleg*innen sich weiter für ihre Arbeitsfelder fortbilden und spezialisieren konnten. Dies war eine Entwicklung, die die Qualität der pastoralen Arbeit nachhaltig erhöhte und auch die Zufriedenheit in den Pfarrkollegien.

Präsenz und Spiritualität

Die Musik beginnt, ich setze mich auf meinen Platz und verfolge den ersten Teil des Gottesdienstes, den Musiker*innen und Lektor*innen gemeinsam gestalten.

Was sich in all den Jahrzehnten nicht verändert hat: Die Überzeugung der Kirche und unserer Gemeinde, dass der Gottesdienst das Zentrum der Gemeinde ist und bleiben soll, nicht nur dogmatisch, sondern genauso auch praktisch. Im Gottesdienst wird Gemeinschaft exemplarisch erlebbar und hier empfängt das biblische Bild des wandernden Gottesvolkes einen konkreten Leib. Hier werden Spiritualität lebendig, Trost erfahrbar und Freude zu Dank.

Doch gerade angesichts der vergangenen Schrumpfungsprozesse war eine bewusste kirchliche Entscheidung notwendig, die Gottesdienste als Leuchttürme zu erhalten und zum Teil wiederherzustellen. Dafür war eine Konzentration auf weniger Gottesdienststätten notwendig, meist zentrale und besonders ansprechende Kirchen. Die notwendigen Ressourcen mussten an anderen Stellen eingespart werden, denn sonntäglich vielseitige Gottesdienste zu gestalten setzt Zeit, Ausbildung und Engagement voraus. Bald begann die Kirche, in der Breite ehrenamtliche Musiker*innen professionell zu begleiten, Laien in liturgischer Präsenz auszubilden und den Pastor*innen die Zeit zuzugestehen, die notwendig ist, um Gottesdienste gründlich und phantasievoll vorzubereiten. So sind lebendige und aufwendig liebevoll gestaltete Gottesdienste das spirituelle Herz der Kirche geblieben.

Überhaupt: die Spiritualität. Da ist ganz viel in Bewegung gekommen in den letzten Jahren. Besonderen Einfluss auf die Entwicklung hatten das Schwinden hierarchischen Denkens in der Gesellschaft, der zunehmende Individualismus und die kulturelle und religiöse Pluralität. Als Konsequenz stieg der Wunsch nach einer Spiritualität, die nicht nur kognitiv, sondern ganzheitlich, nicht abstrakt, gar belehrend, sondern nachvollziehbar sei, die erlebnisorientiert auf eigenen Erfahrungen aufbaue und Raum für Vielfalt lasse. Zu Beginn meiner Dienstzeit machten viele Prediger*innen gute Erfahrungen mit Texten, die sich an den Ideen der Dramaturgischen

Homiletik orientierten. Ich auch. Solche Predigten eröffneten Räume, in denen die Hörer*innen ihre eigenen Beobachtungen und Erfahrungen machen konnten. Darüber hinaus erlebte ich, dass neben der verkündigenden Ansprache auch andere Methoden, die geistliche Erfahrungen nachvollziehbar machten und zu Selbstreflexion und eigener geistlicher Positionierung einluden, hilfreich waren. Doch das war erst der Anfang: Mit zunehmender Methodenreflexion und weiterer homiletischer Fortentwicklung gewann die kirchliche Spiritualität weiter an wohltuender Leichtigkeit und Plausibilität.

Evolution und Reformation

»Es hat sich viel geändert«, denke ich, während ich über die Reihen blicke und das Lied vor der Predigt mitsinge, »und es wird sich noch vieles ändern müssen.« Zuversichtlich schaue ich nach vorne. Denn besonders zukunftsweisend dürfte eine Neuerung sein, die mittlerweile fest in unserer Kirche verankert ist: eine Kultur der Innovation, Erprobung und Evaluation. Dass die Kirche stets aufs Neue zu reformieren ist, ist seit der Reformation fester Bestandteil der Kirchenlehre; doch hat sich in den vergangenen Jahren die Erkenntnis durchgesetzt, dass dies in der Praxis nicht dem Zufall überlassen werden darf. Eine ständige kirchliche Arbeitsstelle sammelt darum fortlaufend Ideen zur Weiterentwicklung. Anschließend werden die aussichtsreichsten Vorschläge in Zusammenarbeit mit einzelnen Gemeinden über längere Zeiträume erprobt und ausgewertet. Was sich bewährt, kann dann auf andere Gemeinden übertragen werden. Gerade wenn es nicht nur um einzelne Projekte geht, sondern um Strukturen oder ganze Gemeinden, sind neue Ideen Wagnisse. Was wirklich trägt und funktioniert, muss sich in der Praxis zeigen. Wir benötigen den Mut, auch Risiken einzugehen und Scheitern auszuhalten, um die besten Ideen zu finden. Nicht nur, um in die Zukunft zu gelangen, sondern auch, um in der Zukunft zu bestehen. Denn die Welt dreht sich immer schneller, und eine Kirche, die morgen nicht von gestern sein will, muss schon heute die Konzepte von übermorgen erproben. Ecclesia semper est reformanda. Und das heißt in der Regel nicht Revolution, sondern Evolution. Evolution aber ist harte Arbeit, ihr Lohn ist Zeitgemäßheit.

Die letzten Takte des Liedes erklingen. Ich stehe auf, steige auf die Kanzel, öffne Hebr 13,8 und lese vor: »Jesus Christus gestern und heute und derselbe auch in Ewigkeit.«

»WANN WIRD DAS EIGENTLICH FERTIG?«

ARBEIT MIT NICHT-KIRCHLICHEN UND ANDERSGLÄUBIGEN MENSCHEN AM EKKLESIALEN NULLPUNKT

Christian Walti

Jahrzehntelang war der gigantische Schornstein einer Kehrichtverbrennungsanlage das höchste Bauwerk in unserem Stadtteil. Einige Monate, nachdem ich die Pfarrstelle in der Friedenskirche angetreten hatte, bemerkte ich bei einem Abendspaziergang, dass dieser Kamin etwas kürzer geworden war. Wenige Wochen später war er ganz verschwunden. Die Kehrichtverbrennungsanlage wurde abgerissen und eine große offene Fläche mit Bauschutt klaffte fortan mitten im Stadtteil. Diese Brachfläche, die anfangs noch von einem großen Bauzaun umgeben war, ist für mich über die Jahre zum Symbol für meine Tätigkeit an diesem Ort geworden.

Die radikale Frage

Wie viele Erstlingspfarrpersonen wollte ich meine Kirchgemeinde zunächst einmal kennenlernen. Die Gottesdienste waren mit zwanzig bis dreißig Teilnehmenden bei über 5000 Gemeindegliedern spärlich besucht. Das eigentliche Gemeindeleben schien sich in den zwei kirchlichen Zentren in kleineren Gruppen abzuspielen, wenige davon mit explizit religiösem Inhalt. Meistens nahmen ausschließlich Menschen teil, die nicht mehr im aktiven Erwerbsleben waren. Sogar eine sehr umtriebige »kirchennahe« Gruppe älterer Damen blieb dem Gottesdienst mehrheitlich fern, da »die neuen Pfarrpersonen«, zu denen ich zusammen mit einigen Kolleginnen gezählt wurde, ihn halt nicht mehr so gestalteten »wie früher«. Seelsorgeanfragen blieben, abgesehen von einer Handvoll Menschen, die sich schon bei meinen Kolleginnen gemeldet hatten und nun mich »ausprobieren« wollten, ganz aus. Die »Gemeinde« war also weder als einigermaßen umrissene Gruppe vorhanden, noch schienen Menschen an den Dienstleistungen, die ich als Theologe anzubieten hatte, interessiert.

Anfänglich setzte ich eine gewisse Hoffnung auf den kirchlichen Unterricht. Hier hatte ich es mit einigen sehr interessierten Jugendlichen zu tun. Besonders viele waren es nicht: Etwa die Hälfte aller angeschriebenen und somit kirchlich registrierten Jugendlichen nahmen am Unterricht teil, etwa zehn bis zwanzig pro Jahrgang. Die Gespräche mit den Eltern drehten sich größtenteils darum, ob denn so viel Unterricht neben der obligatorischen Schule und den zahlreichen Freizeitaktivitäten tatsächlich für eine Konfirmation notwendig seien. Es wurde deutlich, dass wir ihnen wirklich entgegengekommen könnten, wenn wir die Kinder ohne Vorbereitung konfirmieren würden.

Schließlich suchte ich Anschluss im Stadtteil. Die Parochie umfasste drei bis vier Nachbarschaften, also suchte ich nach öffentlichen Orten oder Veranstaltungen, bei denen »die Leute« präsent waren. Aber es gab keine Versammlungsorte, an denen »die Leute« anzutreffen waren. Die öffentlichen Plätze waren keine Begegnungsorte. Das Leben schien sich anderswo abzuspielen.

Wie sollte ich mit diesen Menschen überhaupt Kontakt aufnehmen? Sollte ich sie einfach wahllos im Telefonbuch anrufen? Oder einfach klingeln? Eine Frage drängte sich mir mehr und mehr auf: Wozu überhaupt noch Kirche oder kirchliche Arbeit hier an diesem Ort? Heute bin ich dankbar, dass sich mir diese Frage so radikal gestellt hat. Sie ist für mich zur Grundlage vieler Projekte und Aktivitäten geworden.

Death Café

Neues Leben in meine Tätigkeit als Pfarrer brachte zunächst ein Anlass, der sinnigerweise mit dem Tod zu tun hatte. Ein Facebook-Post eines Kollegen aus den USA hatte meine Neugierde geweckt: In seiner Gemeinde in Nebraska bot er ein »Death Café« an. Ich recherchierte im Netz und fand heraus, dass dieses eigentümliche Format, bei dem in lauschiger Kaffeehaus-Atmosphäre Erfahrungen und Ansichten über den Tod ausgetauscht werden konnten, schon an hunderten Orten in der Welt regelmäßig durchgeführt wurde (www.deathcafe.com). Einige Suchmaschineneinträge später stieß ich dann auf den Hinweis, dass dieses Format sogar ursprünglich von einem Schweizer Sozialarbeiter erfunden worden war. Die Übersicht zeigte aber, dass in der Schweiz derzeit keine solchen Veranstaltungen angeboten wurden.

Die Idee eines offenen Gesprächs über den Tod faszinierte mich zwar, aber mir wurde zugleich bald bewusst, dass ich dieses Format nicht wie mein Kollege in kirchlichen Räumen anbieten könnte: Es wären doch nur Gemeindeglieder im fortgeschrittenen Alter erschienen. Deshalb besuchte ich am gleichen Tag noch ein kürzlich eröffnetes Lokal unweit der Kirche: die ZarBar. Der Barbesitzer Oli, der selbst im Stadtteil aufgewachsen war, schuf in einem ehemaligen Kiosk mit Brockenhausmöbeln und einer rudimentär zusammengebauten Theke sowie alternativer Musik die perfekte Atmosphäre für hippe Erwachsene von 30 bis 50 Jahren. Es war meine erste Begegnung mit ihm und nach wenigen Sätzen Smalltalk eröffnete ich ihm meine Idee: ein Barabend über den Tod, Death Café in der ZarBar! Nicht nur Oli war von der Idee begeistert, ein zufällig anwesender Stammgast bekam unser Gespräch mit und stieg gleich mit Erzählungen über seinen verstorbenen Vater ein: Wir führten ohne Ankündigung gleich das erste Death Café durch.

Auch wenn die folgenden Death Cafés, die wir alle drei Monate durchführten, nie von mehr als 20 Teilnehmenden besucht waren, weckten sie ein großes Interesse – insbesondere medial: Ich erhielt Anfragen von Zeitschriften, Radiostationen und schließlich auch vom Schweizer Fernsehen. Immer wieder meldeten sich Menschen aus der ganzen Schweiz, die ebenfalls Death Cafés durchführen wollten. Schließlich erwähnte der Stadtpräsident von Bern, mit dem ich noch nicht persönlich bekannt bin, das Death Café als vorbildliches Beispiel dafür, den Tod in unserer Gesellschaft wieder zu thematisieren, obschon er selber nie an einem teilgenommen hatte. Unterdessen gibt es in der ganzen Schweiz in unterschiedlichen Kirchgemeinden ähnliche Veranstaltungen.

Für mich bestand der Erfolg des Death Café darin, dass ich erstens keine eigene Idee hatte, sondern mich einer weltweiten Bewegung anschließen konnte, dass ich diese Idee aber zweitens ganz lokal in der nächsten Umgebung der Kirche realisiert habe, mit Menschen, die hier wohnen, und ich drittens von Beginn an mit »nicht-kirchlichen Menschen« in einer »nicht-kirchlichen Umgebung« geplant habe.

Warmbächlibrache

Ähnlich zufällig wurde noch ein zweiter Ort wichtig für meine Arbeit. Ein Kirchgemeinderat hatte in meinem zweiten Amtsjahr eine Einladung von der Stadt Bern zu einem Workshop erhalten. Bei diesem sollte es um mögliche Zwischennutzungen der Brachfläche inmitten unseres Quartiers gehen, die nach dem Abbruch der Kehrichtverbrennungsanlage entstanden war. Beim Workshop in einer Fabrikhalle waren die meisten Teilnehmenden zwischen 20 und 40 Jahre alt. Ich kam in der Pause mit einigen ins Gespräch: Fast alle wohnten in unserem Stadtteil. Gesehen hatte ich sie allerdings noch nie. Nachdem die Vertreterinnen der Stadt bei einer Präsentation verschiedene Nutzungen vorgestellt hatten, regte sich bei den Teilnehmenden Unmut. Plötzlich warf einer die Idee ein: ›Weshalb gründen wir nicht einen Verein, der die Nutzung der Brachfläche koordiniert?‹ Da ich schon an anderen Orten Vereinsgründungen bewerkstelligt habe, bot ich mich als Sekretär des Vereins an. Innerhalb von drei Minuten hatte sich ein Gründungsvorstand zusammengefunden und wir stellten die Idee des Vereins gleich den Vertretern der Stadt vor.

Sie hatten damit zwar nicht gerechnet, und es waren noch viele Bedenken im Raum. In den nächsten Wochen aber erfolgte die Vereinsgründung und es wurde gemeinsam mit der Stadt ein Nutzungskonzept für die Brachfläche erarbeitet. Im darauffolgenden Sommer eröffneten einige junge Menschen auf der Brache ein einfaches Café, das bald zum Treffpunkt jüngerer Menschen aus der ganzen Stadt werden sollte. Die Betonwände der Fläche wurden als legale Sprayflächen definiert und bald von Spraykünstler*innen aus der Stadt für Kunstwerke genutzt. Schließlich fanden mehr und mehr Open-Air-Veranstaltungen auf der Brache statt. Als Vorstandsmitglied versuchte ich, anwaltlich die Anliegen der verschiedenen nutzenden Jugendlichen und jungen Erwachsenen gegenüber der Stadt zu verteidigen. Mit den anderen Vorstandsmitgliedern schufen wir Rahmenbedingungen für nicht-kommerzielle Feste und Feiern und verteidigten das Recht auf Lärmemission gegenüber der Stadt und den (manchmal sehr besorgten) älteren Anwohner*innen. Schließlich sorgte ich als Sekretär dafür, dass regelmäßig Vereinssitzungen stattfanden und immer wieder Leute für die ehrenamtlichen Tätigkeiten gefunden werden konnten.

Das Projekt »Warmbächlibrache« erhielt nicht nur von den Brache-Nutzenden Aufmerksamkeit. Vertretende von anderen Zwischennutzungsvorhaben aus der ganzen Schweiz kamen immer wieder auf den Vorstand zu, um von unseren Erfahrungen zu profitieren. Die Stadt Bern verlieh der Zwischennutzung im Jahre 2017 einen Sozialpreis für vorbildliches gemeinnütziges Engagement.

Als Pfarrperson bedeutete die Mitarbeit im Vorstand einen erheblichen Mehraufwand: monatliche Sitzungen, immer abends, ab und an Schlichtungsaufgaben mit Behörden oder Brachen-Nutzenden und vor allem Papierarbeit als Sekretär. Zugleich lohnte sich der Einsatz, da ich über die Brache mit vielen kreativen und engagierten jungen Menschen in Kontakt kam. Ich verleugnete nie, dass ich Pfarrer bin und bei der Kirche arbeite. Aber ich hielt mich mit Einladungen zu kirchlichen Veranstaltungen eher zurück. Entscheidend war für mich der Kontakt mit distanzierten, aber doch in vielen Fragen ähnlich denkenden jungen Menschen. Viele dieser Kontakte flossen später in kirchliche Projekte ein. So wirkte ein Künstler, den ich auf der Brache kennengelernt hatte, während mehrerer Jahre bei einem alternativen Kreuzweg am Karfreitag mit. Ein anderes Mitglied des Brachenvereins wirkte später bei Klima-Mahnwachen mit. Schließlich hatte ich in vielen Brachen-Nutzenden Verbündete bei politischen Aktionen für Geflüchtete und konnte diese für Protestaktionen jeweils mobilisieren.

Der Dokumentationsfilm und das Kollektiv »Mal anders«

Im Reformationsjubiläumsjahr 2017 kontaktierte mich dann eine alte Bekannte aus meinem Heimatort via Facebook. Sie hatte in den Sozialen Medien gesehen, dass wir in meiner Kirchgemeinde einige spannende Projekte durchführen. Außerdem hatte sie mitbekommen, dass ich als junger Pfarrer für diese Projekte eifrig Werbung mache. Das hätte sie erstaunt: Was treibt einen jungen Menschen dazu an, sich für kirchliche Veranstaltungen einzusetzen – und dann noch jemand, den sie persönlich als ganz gewöhnlichen Jugendlichen gekannt habe?

Die Bekannte arbeitete unterdessen beim Schweizer Fernsehen als Journalistin und offenbarte mir bei einem Treffen ihren Plan, einen kurzen Dokumentationsfilm über mich und meine Arbeit als Pfarrer zu drehen. Ich willigte ein und wurde während einiger Tage in diesem Jahr von einem Kamerateam begleitet. Das Resultat wurde im Oktober 2017 ausgestrahlt. Der Beitrag zeichnete ein eher oberflächliches Bild von meinen Tätigkeiten, und meine Kolleginnen oder Ehrenamtliche wurden kaum bis gar nicht erwähnt, obwohl ich ausschließlich in Teams und oft mit Ehrenamtlichen arbeite. Diese sehr vereinfachte und personalisierte Darstellung als »Einzelkämpfer« führte zu einigen schwierigen Diskussionen.

Abgesehen davon, dass ich einige sehr positive Zuschriften von Menschen aus der ganzen Schweiz und auch aus Deutschland erhielt, hatte der Beitrag zwar kaum Auswirkungen auf meine Arbeit im Stadtteil. Ich erhielt keine Flut von Anfragen für Trauungen oder Taufen, wie dies einige meiner Kollegen vermuteten. Auch wurden meine Gottesdienste nicht besser besucht als vor dem Beitrag. Wenn der Beitrag etwas ermöglichte, dann waren es wiederum einige Schlüsselbekanntschaften. Die wichtigste darunter war wohl diejenige mit einem jungen Musiker mit evangelikalem Hintergrund aus unserem Stadtteil. Er meldete sich nach dem Beitrag bei mir, weil er mit mir gemeinsam Events planen wollte. Meine Aussage zum Ende des Beitrags, ich wolle »neue Menschen kennenlernen«, traf sich ihm zufolge gut mit seiner Absicht, aus dem eher engen evangelisch-christlichen Milieu hinauszutreten und mit anderen Menschen in Kontakt zu kommen. Aus Gesprächen mit ihm entstand eine Gruppe von jungen Menschen, das Kollektiv »Mal anders«, das Kulturevents zu alternativen Lebensstilen und wichtigen Gesellschaftsfragen organisiert.

Kirche im Haus der Religionen

Ein letzter glücklicher Zufall der angetretenen Pfarrstelle bestand im schlichten Umstand, dass am Rande unseres Stadtteils wenige Monate nach meinem Stellenantritt eine einzigartige Institution ihre Tore eröffnete: das Haus der Religionen. Dieses Projekt, das in Bern über Jahrzehnte vorangetrieben wurde, vereinte fünf Weltreligionen unter einem Dach. Das Haus erhielt schließlich einen finanziellen Zuschlag der Stadt Bern, die es fortan als Vorzeigeprojekt für interreligiöse und interkulturelle Arbeit ansah.

Die Kirchgemeinde, in der ich arbeite, unterhielt zu diesem Zeitpunkt mit dem »Haus der Religionen« keinerlei Beziehungen. Uns Mitarbeitenden wurde mitgeteilt, dass sich unsere Vorgänger*innen bewusst gegen eine Mitwirkung bei diesem Projekt entschieden hätten. Auch auf

Ebene der kirchlichen Verwaltung in der Stadt wurde das »Haus« offenbar als »nicht-kirchliches« Projekt angesehen, das für »die anderen«, aber nicht für »uns« interessant war. Offenbar wurde sogar bis kurz vor Abschluss der Planungsphase des Gebäudes heftig darüber gestritten, dass christliche Gemeinschaften im Haus einen eigenen Gebetsraum, eine Kirche erhalten sollen. Dies mit der Begründung, dass im Gebiet Bern schon genügend christliche Kirchen gebaut worden seien.

Glücklicherweise aber hatte sich – unabhängig von Kirchgemeinden – ein ökumenischer Verein zusammengefunden, der mit Sponsorengeldern einen Kirchenraum im Haus der Religionen plante und dann unterhielt. Dieser Verein »Kirche im Haus der Religionen« achtete darauf, dass der Raum sowohl für orthodoxe als auch für römisch-katholische und evangelische Kirchen nutzbar war. Wesentlich bestimmt wurde die Gestaltung des Raumes durch eine äthiopisch-orthodoxe Tewahedo-Gemeinde, die eine traditionelle Ikonostase mitsamt Allerheiligstem für ihre Bundeslade in den Raum einplante. Die Kirche im Haus der Religionen war also zugleich ein besonderer Ort der ökumenischen Begegnung zwischen verschiedenen Konfessionen als auch als Ausgangspunkt für interreligiöse Begegnungen mit Muslimen, Hindus, Buddhisten und Aleviten.

Mir schien es wichtig, dass unsere Kirchgemeinde diesen Ort nicht nur beiläufig zur Kenntnis nahm. Sie sollte ihn auch als einen ihrer eigenen Räume entdecken. Hierzu war aber einige Überzeugungsarbeit nötig. Für die Basis meiner Kirchgemeinde war der Ort in vielerlei Hinsicht fremd: Ökumene – zumal auch mit Katholiken und mit Ostkirchen – war für einige Gemeindemitglieder bisher überhaupt kein Thema gewesen. Bei einigen wurde deutlich, dass sie mit »Katholischen« vorwiegend negative Erfahrungen und Klischees über klerikales Auftreten verbanden. Ich begann damit, dem Vorstand des Vereins »Kirche im Haus der Religionen« meine Mitarbeit anzubieten, was die bisherigen Mitglieder dankend annahmen. Durch meine Teilnahme an ihren Sitzungen wurde ich aus erster Hand über die Aktivitäten im Haus informiert und konnte diese Informationen in meine Kirchgemeinde zurückspielen.

Bald begannen wir im Pfarrteam damit, einzelne Gottesdienste von unserer Stammkirche in diesen besonderen Kirchenraum zu verlegen, um unseren Gemeindegliedern erste Tuchfühlung mit dem Haus und diesem besonderen Ort zu ermöglichen. Später organisierten wir ökumenische »Tandems«, bei denen unsere Gemeinde mit jeweils einer fremdkonfessionellen Gemeinde gemeinsam Gottesdienst in diesem Raum feierte. Schließlich lernten wir nach und nach auch Leitungspersonen aus den anderen Religionsgemeinschaften im Haus kennen. Zunächst im Rahmen der »Nacht der Religionen«, bei der jeweils gegenseitige Besuche vorgesehen waren. Später begegneten wir den »anderen« auch im Restaurant im Haus oder beiläufig auf der Straße. Immer mehr entstanden auch Ideen für gemeinsame Aktivitäten. Im Jahre 2018 veranstalteten wir erstmals ein interreligiöses Lichterfest, das hinduistische Feierlichkeiten mit dem christlichen Advent verband. Höhepunkt des Festes war eine Lichterprozession durch ein Wohnquartier mit Adventsliedern und Muschelhornklängen.

Gewinnbringend an der Verbindung meiner Kirchgemeinde mit dem Haus der Religionen war nicht nur die –

manchmal etwas harzige, aber immer besser gelingende – Horizonterweiterung für unsere Basisgemeinde. Über das Engagement im Haus konnten auch einige, bislang vom kirchlichen Leben distanzierte Stadtteilbewohner*innen für ein Engagement gewonnen werden: Interreligiöse und interkulturelle Projekte sind für »postmaterielle« Menschen, die in unserem Stadtteil eine bedeutende Bevölkerungsschicht ausmachen, sehr attraktiv. Zuletzt bewegte unser vermehrtes Engagement aber auch *im* Haus der Religionen einiges: Während die anderen Religionsgemeinschaften mangels Ressourcen oft auf die Bewältigung ihres internen Betriebs konzentriert waren und somit interreligiöse Projekte und Anlässe eher langsam, oft gar nicht richtig angepackt wurden, konnte unsere Kirchgemeinde mit ihren personellen Ressourcen wichtige Impulse für gemeinsame Anlässe und Projekte geben. Wir brachten unsere Rolle als – finanziell und institutionell privilegierte – Landeskirche positiv für den Dialog mit anderen Religionen ein und ermöglichten so den anderen Gemeinschaften, auch stärker in der Öffentlichkeit präsent zu sein.

Relative Antworten

So radikal sich die Frage nach kirchlicher Arbeit in meiner Kirchgemeinde stellt, so relativ und vorläufig sind die Antworten, die sich mir über die wenigen Jahre, die ich in ihr arbeite, präsentiert haben: *Erstens* wurde mir deutlich, dass wir Mitarbeitenden den ekklesialen Nullpunkt dafür nutzen mussten, keine Projekte ausschließlich mit »unseren Leuten« durchzuführen. Wenn es mit den Bisherigen nicht weitergehen kann, darf es mit anderen Menschen weitergehen. Deshalb versuchen wir, bei neuen Projekten immer neue, d.h. bisher mit kirchlicher Arbeit unbekannte oder wenig bekannte Menschen zu involvieren. In meinem Fall waren dies immer entweder »Nicht-Kirchliche«, »distanziert Kirchliche« oder Angehörige einer anderen Religion.

Zweitens haben wir nie versucht, diese Menschen für eine bereits bestehende Institution zu gewinnen. Vielmehr war es uns ein Anliegen, stets neue Gruppen zu gründen, deren Verantwortung jeweils bei den Mitgliedern dieser Gruppen liegen sollte. So habe ich »Kollektive« (»mal anders«) oder »Trägerschaften« (Verein »Kirche im Haus der Religionen«, Verein »Warmbächlibrache«) mit bestimmten Zwecken und Anliegen mitbegründet – ohne sie direkt mit meiner Kirchgemeinde zu verbinden. Dies ermöglichte es Menschen, sich für kirchlich getragene Anliegen einzusetzen, ohne damit eine engere Bindung mit der Institution »Kirche« einzugehen. Freilich waren damit keine neuen Kirchgemeindemitglieder gewonnen, bestenfalls wurden einige bisherige Mitglieder dadurch davon überzeugt, (noch) nicht aus der Kirche auszutreten. Zugleich aber wurde die Mobilisierung für bestimmte kirchlich getragene Angebote größer (so nehmen etwa 25 % mehr Kinder am kirchlichen Unterricht teil) und die Altersdurchmischung wurde insgesamt breiter und jünger. Kurz: Wir haben kein Geld gewonnen, aber Dynamik und Diversität.

Drittens definierten wir unsere Aufgaben als Mitarbeitende neu. Wir waren in erster Linie weder Verkündigende bestimmter Botschaften, noch Lehrpersonen oder Kirchgemeindeanimateure. Auch die Rolle als Seelsorgende im Einzelgespräch trat bisweilen in den

Hintergrund. In den Vordergrund trat unsere Rolle als »Matchmaker«: Wir brachten Leute dazu, andere Leute (die in derselben Stadt wohnten wie sie) kennenzulernen und mit ihnen religiöse und spirituelle oder gemeinnützige Tätigkeiten auszuüben. Freilich mussten wir dabei unsere seelsorgliche Aufmerksamkeit, die hermeneutischen und rhetorischen Fähigkeiten sowie unser Talent zur Organisation von Ehrenamtlichen ausspielen. Ohne unsere Ausbildung wäre es nicht gegangen.

Gemessen am Missionsauftrag der Kirche (Mt 28,16–19) ist unsere Vorgehensweise sehr schwach: zu allen Menschen zu gehen – aber sie dann weder zu taufen, noch ihnen zu halten auftragen, was Jesus seinen Jüngern gesagt hat. Ich betrachte diese Mission trotz ihrer Unvollständigkeit als berechtigt und sogar geboten. Sie schafft am ekklesialen Nullpunkt Grundlagen für christliches Engagement, ohne eine neue Form von Kirche zu begründen, die sich dann nach erneuter Institutionalisierung wieder für die Begegnung mit »dann wiederum neuen« Menschen auflösen müsste.

Die Brachfläche bei der ehemaligen Kehrichtverbrennungsanlage wurde unterdessen zur Hälfte mit einem großen Kiesdepot zugeschüttet. Es sind erste Vorarbeiten für die große Wohnsiedlung, die hier entstehen soll. Die Baubewilligung aber lässt noch auf sich warten. So wurde die Zwischennutzung bis Ende 2020 verlängert. Im freien Teil der Brache tummeln sich weiterhin Sprayende und finden weiterhin nichtkommerzielle Parties statt. »Wann wird das eigentlich fertig?«, fragte mich kürzlich ein Anwohner. »Keine Ahnung«, antwortete ich, »aber ist doch auch so ganz nett.«

WUNSCHKONZERT

Matthias Weida

Gasthaus Kirche

Als wir dieses Jahr mit unserem Pfarrkonvent für fünf Tage die lutherische Kirche in Rumänien besucht haben, bemerkte ein Pfarrer vor Ort: »Wir haben vor vielen hundert Jahren unsere Kirchen zu Kirchenburgen umgebaut. Jetzt wünschen wir uns, dass aus unseren Kirchenburgen Gasthäuser werden!«

Ich wünsche mir eine Kirche, in der aus den vielen Museen und Denkmälern, zu denen sich manche kirchlichen Immobilien entwickelt haben, Gebetshäuser, Treffpunkte und Veranstaltungsräume werden.

Unsere bestehenden Gebäude und Räume bieten uns große Möglichkeiten. Jeder Raum beinhaltet das Potenzial, dass sich hier Menschen begegnen, zur Ruhe und Besinnung kommen, oder in überschwänglichen Feiern und richtungsändernden Entscheidungen wichtige Momente teilen.

Fünf Gemeinden einer Kleinstadt fusionieren und ordnen ihre fünfzehn Kirchengebäude und Gemeindehäuser neu an. Ein Gebäude wird zu einem schönen »Kaffee der Begegnung« umgebaut. Professionelles Personal kalkuliert das Projekt selbsttragend. Kunden können für ärmere Kunden einen Kaffee oder Stück Kuchen mitbezahlen. Ein anderes Kirchengebäude wird zu einer Popkirche umgebaut. Verschiedene kreative Teams, moderne Lautsprecheranlagen, Projektionsflächen und Lichtanlagen nehmen die Besucher emotional in den Gottesdienst hinein. Wenn kein Stuhl im Kirchenschiff steht, die Kirche ganz verdunkelt wird und die Graffiti an den Wänden nur noch erahnt werden können, wenn Nebel den Raum einhüllt, die Fluter weiß blitzen und der Bass der Anlage das Fell der Katze zum Schwingen bringt, dann findet ein Gottesdienst statt, in dem Jugendliche um die Wette tanzen. Wenn ein Teil der Stühle aufgebaut ist, warmes Licht von hinten auf den Teppich fällt, eine Singer-Songwriterin im schwachen Lichtkegel ihren neusten Song am Klavier präsentiert, dann kommen Kultur und Kirche zusammen. Und wenn der ganze Raum bis auf die vielen Yogamatten auf dem Boden leer ist, wenn sich die bunten Farben der Gemälde, die Höhe der Decke und die Atmosphäre des Heiligen in fließenden Bewegungen manifestieren, dann treffen sich Frauen und Männer zu einer geistlich angeleiteten Runde »Holy Yoga«. Gleichzeitig wird der Raum an andere Kunstschaffende vermietet. Das Gebäude ist die ganze Woche über in Betrieb. Ein geistlicher Angestellter sucht stets nach neuen kreativen Partnern, um die Popkirche als kulturelles Zentrum der Kleinstadt zu festigen. Ein anderes Kirchengebäude wird von Chören im Bezirk als beliebte Anlaufstation für ihre Konzerte im Gottesdienst verwendet. Einer der größten Kirchenräume dient der versammelten evangelischen Stadtgemeinde für Gottesdienste mit Abendmahl, die über die Generationen und Milieus hinweg Gemeinschaft stiften. Der historisch interessante Gewölbekeller wird in das Marketingprogramm der Tourismusprogramme der Stadt hinzugefügt. Die Gemeinde veranstaltet in diesen Kellern musikalische Programme sowie Poetry- und Vorleseabende. Ein weiteres Kirchengebäude wird der Stadt übergeben. Hier entsteht die neue Bibliothek. Wichtige Elemente des Kirchenraums bleiben erhalten. Informationstafeln entfalten Bedeutungen der christlichen Symbole. Drei Gebäude dienen in den Stadtteilen der parochialen Identifikation.

Ich wünsche mir eine Kirche, die ihre Ressourcen nutzt, so gut sie es mit ihren Mitteln vermag. Die Ressourcen und Gebäude werden mit einem professionellen cloudbasierten Tool verwaltet. Wenn Räume die meiste Zeit unbenutzt sind, vermietet die Gemeinde sie so, dass sowohl die Finanzen ausgeglichen werden, als auch kirchliche Ziele von Partnern verwirklicht werden können. Gemeindehäuser werden zu Treffpunkten von Gesangsvereinen und Univorlesungen. Kirchenräume werden mit Ausstellungen gefüllt und in der umgebauten Popkirche tourt eine bekannte Popband.

Gleichzeitig können Ehrenamtliche mit ihrem persönlichen Kennwort Räume für kirchliche Angebote online buchen. Das Sekretariat kümmert sich um die Verwaltung der Onlinetools.

Gabentisch Kirche

Ich wünsche mir eine Kirche, in der Hauptamtliche und Ehrenamtliche als Berufene ihre Gaben entfalten und einsetzen. Dienstaufträge berücksichtigen Begabungen und Visionen. In erweiterten Zielvereinbarungen bieten sie flexible Räume, Kirche zu leben. Gleichzeitig werden in Supervisionsprozessen die Zielvereinbarungen überprüft, angepasst und neu gesteckt. Mehrere Pfarrpersonen schließen sich organisch zu einer Einheit zusammen. Neben den Kasualien, den Bildungsdiensten, der Seelsorge, den Gottesdiensten und organisatorischen Aufgaben kann jeder Pfarrer zu einem gewissen Prozentsatz seines Dienstauftrages ein Projekt seines Herzensanliegens gestalten, das seinen Gaben und Visionen entspricht. Eine Pfarrperson startet beispielsweise eine Klosterarbeit, eine andere fördert touristische Projekte, musikalische Formationen oder betreibt das Kirchen-Café in der umgebauten kleinen Nebenkirche. Es etabliert sich eine Mentalität der Wertschätzung und Gabenorientierung.

Projekt Kirche

Ich wünsche mir eine Kirche, in der wir nicht mutlos erfolgreich sind, sondern einen ehrenwerten Mut zum Versagen entwickeln. Statt dass unsere Projekte aus der Angst heraus, alle finanziellen Mittel zu verlieren, zwanghaft als erfolgreich bewertet werden, entwickeln wir den Mut zum Aufhören, ohne andere zu richten, und zum Neuanfang, ohne Altes abzuwerten. Wir suchen nach dem Kairos, Projekte zur richtigen Zeit zu starten. Wenn liebgewonnene Traditionen enden, gestalten und begleiten wir Trauerphasen. Auf der Distrikts- oder Dekanatsebene entwickeln wir Auswertungsrunden, bei der die begonnenen Projekte ehrlich bewertet werden. Finanzielle Aspekte spielen dabei genauso eine Rolle wie die Frage, ob die Tendenz und Richtung der Projekte stimmen und unserem christlichen Selbstanspruch genügen. Bewertet werden dabei Projekte und nicht Personen. Die Frage nach dem richtigen Zeitpunkt für das Projekt ist genauso wichtig wie die professionelle Einordnung der Projektstrategie. Wir richten einen Schlüssel ein, wie viele Projekte erfolgreich sein sollten. Sind fast alle Projekte erfolgreich, hinterfragen wir unsere Risikobereitschaft. Sind wenige Projekte erfolgreich, überdenken wir unsere Strategien. Wir entwickeln die Mentalität, kein kirchlich lokales Projekt für selbstverständlich zu nehmen. Wir feiern gemeinsam unsere Erfolge und betrauern unsere Misserfolge.

Volks Kirche

Ich wünsche mir eine Kirche, die sich von der Lobbyarbeit der vermeintlich Intellektuellen an die Hecken und Zäune der heiligen Sünder wendet. Wir sind im besten Sinne Volkskirche: eine Gemeinschaft, welche die unterschiedlichen Milieus, Altersgruppen und Geschichten von Menschen verbindet. Ob dazu eine Kirchenzugehörigkeit vorliegt, ist zweitrangig. In unseren Kirchengemeinderäten sitzen Anwälte für die Menschen in unseren Gemeinden ohne Stimmen. Ein leerer Stuhl symbolisiert bei jeder Sitzung die Menschen, die wir mit dem Evangelium erreichen wollen. Er erinnert an Jesus Christus, der uns in den Menschen begegnet, die wir noch gar nicht im Blick haben. Wir entwickeln offene Augen und Ohren für die Frage, wo in unserem Umfeld Reich Gottes entstehen könnte und schon entsteht.

Atmosphäre Kirche

Ich wünsche mir eine Kirche, in der sich die geradezu erwartbare Akzeptanz des Bekannten, die niemanden schmerzt, zu einer vorbehaltlosen Annahme des Fremden entwickelt, für die wir auf manches verzichten müssen. Wir sehen die Begrenztheit von sozialen Medien, die uns mit Gleichgesinnten zusammenbringt und das Fremde ausgrenzt. Wir erleben, dass in unseren Konfirmationsgruppen oder Sozialprojekten, wie der Vesperkirche, Milieus über die Grenzen des gesellschaftlichen Status hinweg verknüpft werden. Wir investieren in diese Projekte. Wir akzeptieren, dass wir nicht jede Frömmigkeit, jedes Milieu und jedes Alter flächendeckend bedienen können. In der Ökumene wissen wir uns gut aufgehoben. Neben unsere Begrenztheit wissen wir um die Gaben der Nachbargemeinden. Wenn wir etwas nicht leisten können, verweisen wir auf andere. Wenn wir beispielsweise unsere Jugendlichen nach der Konfirmation nur unzureichend begleiten und fördern können, wissen wir sie für die Zeit bis zur Ausbildung gut aufgehoben im Bezirksgottesdienst der Freikirche oder katholischen Kirche vor Ort. Zu gegebener Zeit werden sie zurückkommen.

Professionalisierte Kirche

Ich wünsche mir eine Kirche, die nicht als behäbige Institution agiert, sondern als eine Kirche, die als Kollektiv professionell aufgestellter evangelischer ChristInnen in ihren Arbeitsfeldern mitten im Leben steht. Wir entdecken neu unseren Entdeckergeist. Dafür brechen alte Strukturen auf, die uns in Schubladen stecken: Wir überdenken unsere Qualifikationsvoraussetzungen für alle Kirchenstellen. Wir suchen nach Visionen, wie die Gemeinschaft der Menschen um den Auferstandenen noch aussehen könnte. Wir setzen einen zweistelligen Prozentsatz unserer finanziellen Mittel in die Erprobung und Weiterentwicklung unserer kirchlichen Arbeit. Die großen hierarchischen Unterschiede zwischen den Amtspersonen verkleinern sich. In der Gemeinde entwickeln die Angestellten und MitarbeiterInnen gemeinsam sinnvolle Konzepte. Nicht jede Pfarrperson muss zwingend jeden Sonntag predigen. Vielmehr begleitet sie andere Gläubige in ihren Predigtdiensten, bietet Hilfen und Reflexionsgespräche an.

Karneval Kirche

Ich wünsche mir eine Kirche, die nicht nur ihre Mitglieder einlädt, so Gottesdienst zu feiern, wie man es halt schon immer gemacht hat, sondern zu den Orten geht, an denen Menschen ganz natürlich zusammenkommen. Unsere Gottesdienste sind fröhliche Feste, bei denen wir erleben können, wie Gott uns Menschen dient. Unsere Sprache und unser Auftreten beinhalten nicht den Anspruch, möglichst korrekt zu sein, sondern schaffen ein emotionales Zusammengehörigkeitsgefühl. Wir bewahren uns davor, für eine große Zustimmung der Menschen falsche Aussagen zu treffen. Es ist Stadtfest: Wir feiern einen großen gemeinsamen Gottesdienst. Die Sommerfete der Kirchengemeinde begeistert kulinarisch und musikalisch Interessierte mit Gemeindefoodtrucks und einer Band. Schulgottesdienste sind ein Highlight der Schule, in der die Schulband genauso zum Tragen kommt wie die Religionsklasse und Hip-Hop-Tanzgruppe. Die Weihnachts- und Adventsgottesdienste sind wichtige Stationen für die Gemeinde. Mit viel Liebe befähigen wir Ehrenamtliche und Hauptamtliche, diese Gottesdienste zu angesagten Treffpunkten der Gesellschaft zu formen.

Manche dieser Wünsche sind schon Realität, andere werden es zum Glück nie sein.

Denn:

Ich wünsche mir, dass ich nicht mit den unerfüllten Träumen meiner eigenen Vergangenheit die Träume der Jugend verbaue. Mit Mitte 30 spüre ich, dass ich schon jetzt manche Entwicklungen der nächsten Generation nicht mehr verstehe. Jüngere Brüder und Schwestern möchte ich daher so fördern, wie ich mir das damals selbst erhofft habe.

Ich wünsche mir eine Kirche, die nicht dem entspricht, was ich mir wünsche, sondern:

Ich wünsche mir eine Kirche, die ein kleiner Teil der großen Liebesbewegung Gottes in dieser Welt ist.

ALLES WANDELT SICH

Florentine Zimmermann

Alles wandelt sich.
Neu beginnen kannst du mit dem letzten Atemzug.
Aber was geschehen ist, ist geschehen.
Und das Wasser, das du in den Wein gossest,
Kannst du nicht mehr herausschütten.

Was geschehen ist, ist geschehen.
Das Wasser, das du in den Wein gossest,
Kannst du nicht mehr herausschütten,
Aber alles wandelt sich.
Neu beginnen kannst du mit dem letzten Atemzug.
(Bertolt Brecht)

Mängel setzen Kräfte frei

Die pfälzische Landeskirche steht – wie alle anderen Landeskirchen – vor einem großen Personalproblem. Bisher haben wir das gewusst, jetzt bekommen wir es zu spüren. Das Dekanat Ludwigshafen muss bis 2025 fünf Gemeindepfarrstellen einsparen, von 21 runter auf 16.

Diese Kürzungen betreffen mich bisher nicht. Die gesamtkirchlichen Pfarrstellen, wie Schul- und Krankenhauspfarrer*innen, Citykirchenarbeit und besondere Dienstleistungsstellen, stehen noch nicht zur Disposition. Dazu zählt auch das Stadtjugendpfarramt. Qua Amt bin ich für alle evangelisch Getauften im Kirchenbezirk zuständig, die das 27. Lebensjahr noch nicht vollendet haben. Trotzdem lassen mich diese strukturellen Veränderungen nicht kalt – oder gerade weil ich als Stadtjugendpfarrerin gar nicht anders kann, als die Zukunft der Kirche im Blick zu haben. Sie ist quasi mein Alltag! Hinzu kommt, dass ich als Berufsanfängerin, sehr viel von dieser Zukunft der Kirche miterleben und mitgestalten werde.

Ich versuche, den strukturellen Wandel, an dessen Anfang wir stehen, als Chance zu sehen, als Tiefpunkt, als Chaos, aus dem mit Kreativität und Einfallsreichtum Neues, Wunderbares werden kann. Irgendwo habe ich gelesen, dass Not und Mangel kreativ machen, nicht Überfluss und Reichtum. Die sich äußernde Person sprach von der Kochkunst, ich finde allerdings, dass sich diese Einsicht wunderbar auf unsere Verhältnisse übertragen lässt. Wir haben die Chance, etwas zu verändern, weil sich etwas ändern muss. Aus der Not heraus und nicht, weil irgendjemand meint, das wäre jetzt dran, weil es schick ist oder so. Not und Mangel setzen unglaubliche Kräfte frei, die wir nutzen können, wenn wir wollen. Oder wir lassen sie verpuffen, dann kann sich die Kirche in 20 Jahren selbst beerdigen.

Die Rechnung ist einfach: Wenn die Institution Kirche in Zukunft noch existieren möchte, muss sie noch Mitglieder haben. Die fallen nicht vom Himmel und es sieht auch nicht danach aus, als würden sie zuhauf durch unsere offenen Türen hereinströmen. Allerdings werden sie geboren, gehen in die Krippe, den Kindergarten, die Grundschule, die weiterführende Schule, machen eine Ausbildung, studieren und bekommen irgendwann ihren ersten Gehaltszettel. Im für uns allerbesten Fall sind sie getauft, konfirmiert, kirchlich sozialisiert und entscheiden sich bewusst für einen Verbleib in der Kirche. Leider sinkt die Zahl mit jeder genannten Lebensstufe. Ich vermute: letztendlich in den einstelligen Prozentbereich. Die klassische Kirchenzugehörigkeitslaufbahn wird immer seltener. Es wird weiterhin einen kleinen Kreis der sich selbst reproduzierenden Gläubigen geben. Wer kennt sie nicht: die Kolleg*innen, die in Pfarrhäusern großgeworden sind? Aber wenn das alle sind, die zukünftig Kirche sein werden, haben wir etwas gewaltig falsch gemacht. Das würde ich gerne vermeiden.

Die Kirche hat also Nachwuchsprobleme – auf allen Ebenen! Es fehlt an Hauptamtlichen, genauso wie an begeisterten Kirchenmitgliedern, die auch in Zukunft dazugehören und gerne Kirchensteuer zahlen wollen. Was können wir als Kirche tun?

Was wir können und was nicht

Zuerst sollten wir klären, was unser Auftrag ist: Was können wir besser als andere? Was können vielleicht nur wir? Verkündigung des Evangeliums, Kontingenzbewältigung, das »Mehr«, nach dem die Menschen hungern, Raum für Spiritualität, heilende Gemeinschaft, Freiheit und Vertrauen in Gott schaffen? Diese Liste ist nicht abgeschlossen, jede*r findet andere Worte für den gemeinsamen Kern. Allerdings glaube ich, dass wir diesen Auftrag gemeinsam definieren sollten, über Gemeinde-, Dekanats- und landeskirchliche Grenzen hinweg. Nicht alles muss sich in all unserem Tun wiederfinden, aber unser Tun sollte an dem Formulierten überprüft werden können.

Hierbei fällt mir immer wieder auf, dass es durchaus Sachen gibt, die wir tun, die andere mindestens genauso gut, wenn nicht sogar besser können als wir. Gebäudemanagement zum Beispiel. Finanzen. Umweltschutz. Das bedeutet nicht, dass diese Sachen nicht mehr im kirchlichen Kontext passieren, vielleicht aber, dass nicht unbedingt ich als Pfarrerin das machen muss, denn dafür bin ich nicht ausgebildet. Ich bin der festen Überzeugung, dass es mehr und andere Professionen in der Kirche braucht als Theolog*innen, (Religions-)Pädagog*innen und Jurist*innen. Wir brauchen Gebäudemanager*innen, Kommunikationswissenschaftler*innen, Medien- und Verwaltungsfachleute auf allen Ebenen! Wir hier in Ludwigshafen brauchen ein multiprofessionelles Team, in dem jede*r Schwerpunkte setzen kann und nicht jede*r alles machen muss. Organisch. Im Fluss. Nicht starr und unbeweglich. Die Grenzen zwischen den Arbeitsbereichen eher horizontal nach Inhalt als vertikal nach Parochie aufgeteilt. Wir brauchen eine echte Dienstgemeinschaft, in der sich veränderndes Wollen je andere Strukturen mit sich bringt: Vielleicht machen mir im Moment Beerdigungen wahnsinnig viel Spaß. Dann lege ich darauf einen Schwerpunkt – und entlaste damit meine Kolleg*innen, die dadurch diesen Arbeitsbereich mindestens reduzieren können. Vielleicht mache ich das drei Jahre lang gut und gerne und dann nicht mehr. Dann wird es Zeit, mit meinen Kolleg*innen zu sprechen, wo und wie Veränderung möglich ist. Möglicherweise biete ich gerade dadurch jemandem die Chance einer beruflichen Veränderung.

Vier Beispiele

1. Wir im Stadtjugendpfarramt sind die Spezialist*innen für die Arbeit mit Kindern und Jugendlichen. Wir haben Kompetenzen und Kräfte, die sich keine Gemeinde für sich leisten kann und muss. Wir sind für alle da! Wir können unkompliziert Strukturen schaffen, die auf Gemeindeebene nicht zu leisten sind, zum Beispiel ein Konfi-Camp für den ganzen Kirchenbezirk. Die Konfis erleben Kirche, die sich für sie interessiert, in ihre Lebenswelt eintritt, zeigt, wie es Freude machen kann, sich in der Kirche zu engagieren und, dass sie nicht nur die Wenigen sind, die sich wöchentlich im Gemeindehaus treffen. Konfi-Camps mit Gemeinschaft, Vielfalt, Jugendgottesdiensten, die diesen Namen verdient haben, usw. Hauptamtliche können in diesen intensiven Tagen Beziehungsarbeit betreiben, die so in kurzen Konfi-Stunden gar nicht möglich ist. Und so begeisterten Nachwuchs für die Gemeinde gewinnen. Und wir als

Stadtjugendpfarramt organisieren das Ganze, bilden die Teamer*innen aus, bereiten mit ihnen das nächste Konfi-Camp vor und vernetzen so die Jugendlichen im ganzen Kirchenbezirk.

2. Die Kommunikation mit Jugendlichen wandelt sich rasant. Wer kein Smartphone hat, bekommt nichts mit. Auch hier können wir Strukturen schaffen, die echte, wechselseitige Kommunikation ermöglicht: Es wird eine App für die Evangelische Jugend Ludwigshafen geben! Wir sind nicht die Ersten, die auf diese Idee gekommen sind (unsere Ehrenamtlichen, um genau zu sein), aber die Beispiele, die wir uns angeschaut haben, haben uns überzeugt. Wir können eine App gestalten und finanzieren, von der am Ende alle Jugendlichen und die, die mit Jugendlichen arbeiten, profitieren. Sie soll einen gemeinsamen Kalender (mit Anmeldefunktion!), eine Chatfunktion (Tschüss WhatsApp!), eine Spielekartei für Teamer*innen, einen Newsfeed und die Möglichkeit, Push-Nachrichten zu versenden, beinhalten. Wir alle nutzen solche Apps tagtäglich. Warum noch nicht in der Kirche? Warum können wir nicht einfach eine Struktur nutzen, die sich uns heute technisch und gesellschaftlich bietet, und sie mit unseren Inhalten nach unseren Bedürfnissen füllen? Wir versuchen das jetzt mal, gehen ein Risiko ein, experimentieren, werden kreativ.

3. Für eine Stadt wie Ludwigshafen stellt sich auch die Frage, ob wirklich an zehn verschiedenen Orten von Samstagabend bis Sonntagnachmittag acht Gottesdienste stattfinden müssen, wovon sechs verschieden sind, weil von sechs Pfarrer*innen gehalten. Bei diesen

geringen Distanzen halte ich es für sinnvoll und entlastend, wenn in dieser Region pro Wochenende zwei Pfarrpersonen Gottesdienste halten mit je zwei Gottesdiensten, je an wechselnden Orten. Wie wäre es, wenn es ein rotierendes System gibt, wer die Gottesdienste in den vielen Altenheimen in der Stadt bedient? Jedes Altenheim bekommt pro Monat einen Gottesdienst und ein*e Pfarrer*in »tourt« mit einem Gottesdienst durch alle Altenheime. Und im nächsten Monat macht das jemand anderer. Oder jemand legt darauf den Fokus und macht das drei Jahre lang schwerpunktmäßig. Wie viele Kapazitäten würden allein mit diesen beiden gottesdienstlichen Maßnahmen bei den anderen Kolleg*innen freigesetzt werden!

4. Not und Mangel machen erfinderisch: Seit zehn Jahren gibt es die protestantische Jugendkirche LU, eine von mehreren Profilkirchen in der Ludwigshafener Innenstadt. Es gibt noch eine Kulturkirche, eine Citykirche und ein Gemeindezentrum mit missionarischem Profil. Diese Profilkirchen sind bereits aus der Not entstanden: zu viele Kirchengebäude auf zu engem Raum mit identischem Angebot. Die Kirchen waren zumeist leer und die Gemeinden konnten sie sich nicht mehr leisten. Durch die Umnutzung werden die Räume intensiver bespielt und genutzt, und dies jeweils von bestimmter Klientel, bei der es wenig Überschneidungen gibt. Hier ist schon eine Vorahnung von einer horizontalen Trennung der Arbeitsbereiche statt einer vertikalen!

Neue Schwellenrituale

Ich persönlich habe schon zu Beginn meines Dienstes 2017 eine Not gespürt, eine spirituelle. Ich habe keine wöchentlichen Gottesdienste, unsere Arbeit gestaltet sich eher projekthaft in Jahreszyklen. Dazu gehören immerhin zwei Gottesdienste (Osternacht und Church-Night am 31.10.), ansonsten viele sozial-diakonische Projekte und Freizeitenarbeit. Mir hat ein spiritueller Schwerpunkt in meiner Arbeit gefehlt.

Die zündende Idee hatte ich nicht selbst, sondern der Stuttgarter Stadtjugendpfarrer hat mich bei einer Tagung der Bundesarbeitsgemeinschaft evangelischer Stadtjugendarbeit (BES) darauf gebracht:

In der (ökumenischen!) württembergischen Variante *(www.pruefungssegen.de)* gibt es in verschiedenen Städten einen zentralen Gottesdienst am Tag vor den schriftlichen Abitur-Klausuren. Das funktioniert zwar in Baden-Württemberg mit seinem Zentralabitur, aber nicht in Rheinland-Pfalz. Hier legt jede Schule den Beginn der Prüfungen selbst fest. Damit war die Variante zentraler Gottesdienst vom Tisch – die ich persönlich sowieso nicht durchführen wollte, weil es mir wieder zu typisch für Kirche war: Sie lädt ein, öffnet die Türen und wartet (vergeblich?) darauf, dass jemand kommt. Ansonsten hat mich das Konzept begeistert: eine Andacht anlässlich der Abiturprüfungen mit der Möglichkeit zum Einzelsegen am Schluss. Ich habe das Konzept dann insofern modifiziert, dass wir den Schulen ein »Rundum-sorglos-Paket« anbieten können: Ein ökumenisches Team kommt im Rahmen einer Unterrichtsstunde mit allem, was nötig ist, in die Schule, braucht nur einen etwas ansprechenden Raum und fertig ist der AbiSegen. Wir haben ihn so getauft, weil wir ihn bisher nur für Abiturjahrgänge anbieten. Das Konzept lässt sich aber auf alle Prüfungs- und Abschlusssituationen (andere weiterführende Schulen, berufsbildende Schulen, ggf. sogar Hochschulen!) übertragen bzw. modifizieren. Wir haben klein angefangen und das Angebot ist eingeschlagen wie eine Bombe: Im ersten Durchgang (2017/2018) waren drei Schulen beteiligt, im zweiten waren es schon sieben. Der AbiSegen ist das Schwellenritual zu einem bedeutsamen Übergang im Leben von jungen Menschen. Das Bedürfnis danach ist immens. Die meisten der Teilnehmenden nehmen sogar den angebotenen Einzelsegen zum Schluss wahr. Der AbiSegen ist zu einer meiner liebsten Veranstaltungen geworden – ich kann gar nicht genug davon bekommen! Man selbst geht nämlich auch mit mehr raus, als man reingegangen ist! Abiturient*innen kommen zum Einzelsegen, denen man das nie zugetraut hätte. Strahlende Gesichter am Ausgang, überschwänglicher Dank und Ergriffenheit begegnen mir, und ich weiß wieder, warum ich meinen Beruf liebe.

Segen geben

Wir müssen unsere sicheren Kirchen-Trutzburgen verlassen. Sie sind nicht halb so einladend mit unseren Veranstaltungen, wie wir uns das vielleicht wünschen. Wir müssen zu den Menschen, an die Punkte in ihrem Leben, an denen sie uns brauchen, und ihnen etwas geben, was nur wir können! Kein Sportverein, kein Orchester, kein anderes (nicht-religiöses) Freizeitangebot kann den jungen Menschen in dieser Situation das geben, was wir können: die Zusage, dass Gott mit ihnen ist. Dass sie nicht allein sind auf ihrem Weg.

Natürlich nützt uns dieses Angebot direkt nichts. Im Gegenteil. Die meisten Abiturient*innen verlassen nach der Zeugnisverleihung die Stadt zum Studium, zur Ausbildung oder einem Sabbatical. Aber sie haben immerhin eine positive Erfahrung mit Kirche gemacht: Kirche, die zu ihnen kommt (worüber sie sich unglaublich freuen!), die extra etwas für sie macht, sie sieht, für sie da ist. Wir säen etwas, von dem wir nicht wissen, was daraus wird. Aber ich finde, von dem ängstlichen Klammern, der messbaren Kosten-Nutzen-Rechnung sollten wir uns verabschieden. Wir haben so viel Segen zu geben, immer raus damit! Das können nur wir!

VISIONEN AUS DER KRISE
WAS DIE CORONA-PANDEMIE FÜR DIE KIRCHE BEDEUTET

Katharina Scholl

Out of the box! Diese Sehnsucht zieht sich wie ein roter Faden quer durch die vielgestaltigen Visionen zur Kirche der Zukunft, die in diesem Band versammelt sind. Mehr Freiheit bei der Ausrichtung kirchlicher Arbeit an den Bedürfnissen religiöser Subjekte und weniger Begrenzung durch verfestigte und teils selbstreferenzielle Strukturen. Mitte März 2020 wurde *out of the box* in einer Weise Wirklichkeit, wie es sich wohl die Autorinnen und Autoren dieses Bandes zuvor nicht hätten vorstellen können. Auch unter dem Eindruck der Corona-Krise haben die Positionen innerhalb dieses Buches nichts an ihrer Relevanz verloren. Vieles, was hier formuliert wird, erscheint dringlicher denn je und das ein oder andere hat durch die Krise schneller begonnen, Wirklichkeit zu werden, als so manche Autorin sich das vielleicht erträumt hätte.

Der Beginn der Corona-Krise bedeutete tiefe Einschnitte in die selbstverständlichen Routinen des Alltags – ein Stresstest für die Gesellschaft –, und in der Kirche wurde dieser Krisenbeginn spürbar als kollektiver Schock einer Institution. Die notwendigen Maßnahmen zur Eindämmung der Pandemie haben auch die institutionellen Strukturen der Kirche unter massiven Stress gesetzt. Es ging ihr dabei wie den meisten Organisationen, die in Windeseile entstandenes Chaos in neue (vorläufige) Ordnungen überführen mussten, und dennoch betrafen und betreffen die Maßnahmen zum *social oder besser physical distancing* die Kirche besonders empfindlich.

Kirche lebt, zwar nicht nur, aber wesentlich von der Interaktion physisch Anwesender. Zur Kirche gehört, dass sie zwischenmenschliche Begegnung initiiert und inszeniert. Als dies im März 2020 von einem Moment auf den anderen unmöglich wurde, war es aus mit der Routine. Die für manche erlösend anmutende Verheißung *out of the box* fühlte sich plötzlich eher wie das Verlieren des Bodens unter den Füßen an als wie eine paradiesische Reise hinaus ins Weite.

»Is there anybody out there?« Diese Frage wiederholt der Musiker Pink immer und immer wieder in der The Wall-Oper von Roger Waters und Pink Floyd. Nur noch medial mit der Welt verbunden tastet er halbnackt an einer unüberwindbaren Wand entlang. An diese Szene musste ich denken, als ich als Pfarrerin den ersten Lockdown ab März 2020 erlebt habe. Es war, als würden kirchlich Aktive wie der verzweifelte Mister Pink vor einer unüberwindlichen Mauer stehen und immer wieder rufen »Is there anybody out there?«

Mir schien die unzählige Masse an Youtube-Videos, die Pfarrerinnen und Pfarrer aus allen Ecken und Enden des Landes in den ersten Tagen des Lockdowns ins World Wide Web gespült haben, ein solcher Ruf zu sein. Das verzweifelte Rufen einer Institution nach den Resonanzverhältnissen, die ihre Lebensader darstellen. Bei allen befürchteten wirtschaftlichen Folgen der Pandemie dürfte der Markt für Filmequipment dieser Tage einen ungeahnten Aufschwung durch die Kirche erlebt haben.

Anfänglich haben mich diese Videos gerührt. So viele, für die gestern digitale Kirche noch einigermaßen abseitig schien, waren dann plötzlich bereit vor einer Kameralinse das Evangelium zu kommunizieren und Menschen in den aktuellen Verunsicherungen beizustehen. Als der »content« anfing sich quantitativ zu überschlagen, fragte ich mich aber, was sich da eigentlich Bahn bricht. Es scheint eine gewisse Sorge um die Relevanz kirchlichen Handelns zu sein, und zwar nicht bloß eine, die durch die Handlungsbeschränkungen in der Krise ausgelöst wurde, sondern eine, die schon eine längere Geschichte hat.

Das anfängliche Sendungsbedürfnis in der Krise scheint ein Reflex auf eine schon länger in der Kirche pulsierende Frage gewesen zu sein: Wer braucht uns? Und welchen unverzichtbaren Beitrag leisten wir eigentlich für gesellschaftliches Leben?

Geschäftigkeit ist immer ein probates Mittel um solche Sorgen zu verdrängen. Allerdings entstand durch die Fülle der Videos mit Talartragenden vor Altären ein völlig pfarrerInnenzentriertes Kirchenbild im Netz. Dabei ist Kirche und Gemeinde doch weitaus mehr als der Pfarrer oder die Pfarrerin! Überall entwickelten sich Netzwerke, angestoßen von Kirchenvorsteherinnen oder anderen Gemeindemitgliedern, die Einkaufshilfen organisierten oder diejenigen anriefen, die unter Einsamkeit litten. All das ist kirchliches Handeln und es ist Verkündigung, die flächendeckend geschah und geschieht, gleichwohl ohne dass sie sich inszenieren lässt.

Es wird aktuell deutlich, wie wichtig networking für kirchliche Arbeit ist, nicht allein in den eigenen Reihen, sondern auch im Hinblick auf nichtkirchliche Partner. Diejenigen, die in diese Richtung zuvor schon aktiv waren, konnten sich wesentlich besser auf die neuen Arbeitsbedingungen einstellen. Selbstverständlich stellte die Kirche unter den Bedingungen des ersten Lockdowns ihren Dienst nicht ein, aber ihr Dienst war eben vor allem in weiten Teilen derselbe, wie ihn andere zivilgesellschaftliche Initiativen oder Privatpersonen leisteten.

Allerdings bleibt die Frage, ob wir uns in dieser Krise und über sie hinaus als öffentliche Institution bewähren können. Als öffentliche Institution ist es selbstverständlich, durch partiellen Verzicht auf Veranstaltungen gesellschaftliche Verantwortung zu übernehmen. Vieles hat in diesem Zusammenhang vor dem Hintergrund der sich überschlagenden Ereignisse zu Beginn der Pandemie gut geklappt. Anderes ließ mich ratlos zurück, beispielsweise wenn die Stuttgarter Pfarrerin Sabine Löw im ZEIT-Interview betont, dass ihre Kirche doch so groß sei, das die Leute bei den gottesdienstlichen Versammlungen doch weit hätten auseinander sitzen können. Ebenso ratlos bin ich, wenn der katholische Frankfurter Stadtdekan Johannes zu Eltz die staatlichen Entscheidungen im ZEIT-Interview öffentlich problematisiert und kurzerhand am ersten Sonntag des Verbotes von religiösen Veranstaltungen mit einer Gruppe von Geladenen in der »Wahlkapelle« im Frankfurter Dom eine private Liturgie feiert. Viel deutlicher kann man sich für den Moment nicht von der öffentlichen Dimension der Kirche verabschieden. Reaktionen dieser Art waren auf katholischer wie evangelischer Seite gleichermaßen zu beobachten. Sie blieben aber, Gott sei Dank, Einzelimpulse, die der großen Mehrheit eines kollektiv geteilten öffentlichen Verantwortungsbewusstseins in den Kirchen gegenüberstehen.

Durch die Corona-Pandemie löst sich etwas in Rekordgeschwindigkeit ein, wohin wir als Institution schon länger auf dem Weg sind. Die flächendeckenden Maßnahmen haben die Kirche in eine Reihe gestellt mit allen anderen gesellschaftlichen Playern. Im Grunde ist das schon länger die Realität, in der wir als Kirche agieren, aber es wird durch die Ereignisse der vergangenen Zeit vielen Aktiven in der Kirche bewusst.

Kirche ist Teil gesellschaftlicher Prozesse und nicht ihr Gegenüber. Die Dichotomie von Kirche und Welt war vorher schon theologisch wenig überzeugend und sie wird es nach der Krise umso weniger sein. Das ist etwas, was ich mir immer gewünscht hatte und woran ich arbeite, seitdem ich mich professionell mit Kirche beschäftige. Dass es auf diese Weise passiert, hatte ich mir aber nicht gewünscht.

Krisen sind nicht bloß anstrengend, sie sind auch ein Nährboden für Visionen und Träume. In der Krise zeigen sich ungeschminkt Transformationsbedarfe und institutionelle Schieflagen sowie neue Möglichkeiten. In den öffentlichen Debatten rund um die Corona-Pandemie wurde die Metapher der »Krise als Brennglas« nicht selten bemüht und sie stimmt auch im Hinblick auf die Kirche.

Die höchste Priorität bei dem, was wir als Impuls aus der Krise mitnehmen sollten, liegt für mich im gemeinsamen Gestalten einer Kirche, die eine Pluralität von Kirchenbildern zulässt und integriert. Vor allem im Horizont der scharfen innerkirchlichen Debatten über die Frage nach der Wiederaufnahme von Gottesdiensten nach dem ersten Lockdown wurde die bestehende Pluralität von Kirchenbildern plötzlich an die Oberfläche befördert und sichtbar. Da gab es diejenigen, für die der sonntägliche Gottesdienst in der Kirche das unverzichtbare Herzstück kirchlichen Lebens darstellt. Es gab solche, die während des Lockdowns kreative Wege gegangen waren und für die kleine Haus-Liturgien für den heimischen Wohnzimmertisch, die Menschen sich an Wäscheleinen abholen können, ebenso Gottesdienst sind wie einer im Kirchenraum. Es gab diejenigen, die öffentliche Fahrstühle temporär zu Himmelfahrtserlebnissen umgestaltet haben und für die eben das auch Gottesdienst war und es gab viele andere Stimmen mehr.

Es hat sich in der Krise gezeigt, dass wir schon lange Zeit mit sehr unterschiedlichen Bildern von dem, was vitales kirchliches Leben ist und was zukunftsweisendes kirchliches Handeln sein könnte, parallel agieren. Allerdings hat sich auch gezeigt, dass diese Kirchenbilder keineswegs gleichwertig sind. Interessant war hier vor allem die Tatsache, dass die öffentlich artikulierten Stimmen derer, die weiter den Schwerpunkt darauf setzen wollten, andere Formen religiöser Praxis zu erproben, zahlreich waren, während die Stimmen derer, die so schnell wie möglich wieder zu Gottesdiensten in Kirchenräumen zurückkehren wollten, ihre Position kaum öffentlich argumentativ ausgewiesen haben. Es war eben das zutiefst selbstverständliche, wieder im Kirchenraum zu feiern, sobald es wieder möglich war. Daran zeigt sich, dass es Kirchenbilder gibt, die einen gewissen Primat der Relevanz haben und andere, die im Hinblick auf wichtige Entscheidungen marginalisiert werden. Dass wir einander nun einmal in dieser Unterschiedlichkeit sichtbar geworden sind in der Krise, sollten wir produktiv aufnehmen und uns weiter über diese unterschiedlichen Kirchenbilder verständigen. Wir sollten diese Pluralität zum zentralen Moment strategischer Aushandlungsprozesse machen und sie schätzen lernen als vitale Grundspannung kirchlichen Lebens.

Auch die Frage nach dem Wesentlichen im Hinblick auf sonntägliche Liturgie stellt sich vor dem Horizont der Pandemie auf neue Weise. Die Wiederaufnahme von Gottesdiensten in Kirchenräumen nach dem ersten Lockdown war nicht einfach eine Rückkehr zum Altbekannten, sondern es waren und blieben tastende Versuche, bei denen die Fragilität der gesellschaftlichen Situation durch Desinfektionsmittelspender, Mund-Nasen-Schutze und Teilnehmerlisten im Kirchenraum zur Darstellung kommt. Vielleicht hat Kirche noch nie so unmittelbar wie gegenwärtig spüren können, dass sie Zeitgenossin ist, da die ganze Verwundbarkeit der Lebenswelt sich unaufhaltsam in der Mitte ihrer liturgischen Feiern breitgemacht hat. Neben den ästhetischen und organisatorischen Schwierigkeiten, die sich damit verbinden, hege ich allerdings auch die leise Hoffnung, dass damit eine neue, intensivere

Situierung liturgischen Feierns inmitten der alltäglichen Lebenswelt einhergehen könnte.

Im Hinblick auf die gottesdienstliche Feier im Kirchenraum stellt sich zudem die wichtige Frage nach der Partizipation der Feiernden auf erneuerte Weise. Das Singen als wesentliches leiblich codiertes Partizipationsgeschehen ist unter den Bedingungen der Pandemie nur sehr eingeschränkt bis gar nicht möglich. Dieser Mangel erzeugt die Notwendigkeit, über andere Formen der Beteiligung nachzudenken, sofern man als liturgisch Gestaltender vermeiden will, dass Liturgie zur Frontalbeschallung durch Talartragende aus dem Altarraum vor einer stummgestellten Gemeinde wird. Die aktuelle Situation lenkt so den Fokus auf die Feiernden als religiös produktive Subjekte sowie auf Fragen danach, ob und wie spontane Selbstäußerungen der Feiernden ermöglicht werden können. Auf diesen Spuren sollten wir auch nach der Pandemie weiter unterwegs sein, weil sich hier zeigt, dass das religiöse Individuum im Zentrum der Liturgie stehen muss und dass zu jedem Gottesdienst auch das Risiko, das Nicht-Planbare, das Unvorhergesehene und Spontane gehört.

Nicht zu unterschätzen im Hinblick auf zukünftige kirchliche Handlungsmöglichkeiten ist auch, dass viele Gemeinden jetzt die Erfahrung gemacht haben, dass selbst bei der Reduktion der Gottesdienste in Kirchenräumen dennoch flächendeckende kirchliche Präsenz erfahrbar werden kann. Wir werden schon allein aufgrund unserer personellen Ressourcen in Zukunft die Dichte der gottesdienstlichen Feiern, wie sie vor der Pandemie stattgefunden haben, nicht erhalten können. In der Vergangenheit haben sich bei Gemeinden nicht selten irrationale Ängste breitgemacht, wenn dieses Thema der Reduktion von Gottesdiensten in den Raum gestellt wurde. Ich halte die Erfahrung aus der Krise, dass Kontinuität auch unter den Bedingungen von Reduktion möglich ist, für wertvoll und plädiere sehr dafür, einen Teil der für die Zukunft notwendigen Reduktionen zeitnah unter dem Eindruck dieser Erfahrung mit den Gemeinden zu erarbeiten.

Solche Reduktionen eröffnen auch Räume für andere Formen kirchlicher Praxis. All die kreativen Aufbrüche, die wir im Laufe der Pandemie erleben konnten, sind beeindruckend. Religiöse Botschaften mit Straßenkreide, Gottesdienst im Autokino, kreative Sonntagspost … Phasenweise wurde das kreative Experiment zum vitalen Grundmoment von Kirche und es wurde einmal mehr deutlich, dass Formatieren, also das situative Kreieren religiöser Angebote, die zentrale Grundkompetenz im Bereich pastoraler Arbeit ist. Dass wir etwas von diesem spielerischen Experimentiergeist, der auch das mögliche Scheitern spielerisch in Kauf nimmt, erhalten, auch für die Zeit nach der Krise, hoffe ich sehr. Nicht zuletzt war häufig zu beobachten, dass durch solche Angebote auch noch einmal ganz andere Menschen erreicht wurden, als dies sonst der Fall ist.

Neben all diesen kreativen Innovationen hat sich zudem etwas gezeigt, was eigentlich schon länger zum kollektiven Common sense gehört, was aber in der Krise neu an Strahlkraft gewonnen hat: die hohe Relevanz der Kirchen als Räume individueller Religiosität. Kirchenleitungen haben gut daran getan, so lange wie möglich die Kirchenräume offen zu halten. Menschen sind in die

Kirchen gegangen und konnten individuelle Erfahrungen von Daseinsweitung machen. Diese Qualität der Räume konnte noch einmal völlig neu Prägnanz entfalten in einer Zeit, in der sie nicht regelmäßig mit pastoralen Worten gefüllt waren. Die wahrgenommene Intensität der individuellen Nutzung dieser Räume muss für die Zukunft bedeuten, dass keine Finanzmittel mehr in die Sanierung von Kirchen fließen, die dann nicht in dieser Weise offengehalten werden, sondern einer kleinen Gruppe am Sonntagmorgen vorbehalten bleiben.

Richtungsweisend ist auch der außerordentliche Schub, den die Krise im Hinblick auf digitale Kirche erzeugt hat. Schnell haben viele kirchlich Aktive begriffen, dass ein 30-minütiges Video mit einer Pfarrerin vor dem Altar im leeren Kirchenraum noch keine religiöse Kommunikation im digitalen Raum darstellt und es wurden digitale Möglichkeiten religiöser Praxis experimentierend ausgelotet. Auch das breite Fortbildungsangebot in diesen Bereichen, das von Vielen in Anspruch genommen wurde, lässt positiv in die Zukunft blicken und hoffen, dass hier neue Kontaktflächen auch weiterhin erschlossen und bespielt werden. Für die Zukunft bedeutet dies aber auch, dass für diese Arbeit Ressourcen notwendig sind und dass für den pastoralen Dienst fortan gilt, dass sehr viel mehr als bisher vor dem Hintergrund individueller Gaben arbeitsteilig kollaboriert werden muss.

Eine weitere groß angelegte Zukunftsperspektive ergibt sich für mich aus der Frage, welchen gesamtgesellschaftlichen Beitrag die Kirche eigentlich in der Krise und auch darüber hinaus leisten kann. Als welche Art von öffentlicher Stimme sind wir eigentlich relevant?

Ein sprechendes Beispiel scheint mir hier die Situation rund um die Pflegeeinrichtungen in der Krise. Nicht selten wurde der Kirche vorgeworfen, sie habe die Menschen allein gelassen und sie müsse sich doch lautstark für die Öffnung von den Einrichtungen und gegen die Isolierung der Menschen einsetzen. Wer wie ich momentan intensiv dienstlich mit diesem Sektor zu tun hat, weiß, dass es hier gerade keine einfachen Antworten gibt, die man lauthals in die Welt hinausrufen könnte. Heimleitungen sind tagtäglich mit Entscheidungen konfrontiert, die bei jeder Alternative subjektiv empfundene Schuld erzeugen. Eher als in das laute Konzert der Fordernden einzustimmen, sehe ich es als genuin kirchliche Aufgabe, diese Ambivalenzen sensibel und unterstützend zu begleiten. Gerade im Hinblick auf das Aushalten und Artikulieren von Ambivalenzen hat unsere christliche Tradition einen reichen Schatz zu bieten, der hier fruchtbar gemacht werden kann. Und diese Ambivalenzsensibilität scheint mir auch das zu sein, was wir in die öffentlichen Diskurse einzubringen haben. Gerade hier gibt es doch innerhalb der Krise, aber auch darüber hinaus einen Mangel, und die Kirchen haben hier die Möglichkeit, gesellschaftliche Relevanz zu entfalten. Selbstverständlich stellt sich die Frage, wie innerhalb einer geltenden Aufmerksamkeitsökonomie öffentlicher Diskurse, die auf den ersten Blick wenig Räume für die leisen ambivalenzsensiblen Töne lässt, diese Perspektive wahrnehmbar und prägnant werden kann. Es scheint mir mit Blick auf die Zukunft lohnenswert, an dieser Frage weiter zu arbeiten.

Meinen tiefsten und drängendsten Wunsch für die Zukunft der Kirche stelle ich an den Schluss und es ist gleichzeitig wohl auch der am meisten gefährdete. Ich wünsche mir aus tiefstem Herzen eine Kirche, die nicht ständig mit sich selber beschäftigt ist, nicht während dem weiteren Fortgang der Krise und auch nicht danach. Die dauernde Selbstbeschäftigung ist wohl die größte Versuchung im Horizont der Pandemie und in der Zukunft. Die Corona-Krise erreicht uns als Kirche inmitten der schmerzhaften Transformationen, die der fortlaufende Mitgliederschwund erzeugt. Die durch die Pandemie drohenden Einbußen im Hinblick auf die Kirchensteuereinnahmen verschärfen die sowieso notwendigen Einsparungsnotwendigkeiten. Es gehört wohl zur grundlegenden Dynamik, dass schrumpfende Institutionen sich laufend mit sich selber beschäftigen und auch mit dem Erhalt ihrer Strukturen und dem Lecken ihrer Wunden. Wenn es uns als Kirche nicht gelingt, uns im Zuge dieser Transformationsbewegungen aus dieser Selbstreferentialität partiell zu lösen und uns weiter gesellschaftlich zu vernetzen und produktiv ins Spiel zu bringen, werden wir am Ende dieser Umbildungsprozesse nicht bloß kleiner, sondern auch gesellschaftlich irrelevant geworden sein. Als junge Pfarrerin habe ich keine Probleme damit, innerhalb einer kleiner werdenden Institution zu agieren, die über weniger finanzielle Ressourcen verfügt. Ich bin unter keinem anderen Vorzeichen angetreten als mit dem Wissen, solche Transformationen mitzugestalten und auch schmerzliche Abschiede zu begleiten. Aber ich wünsche mir eine Kirche, die sich trotz dieser spannungsvollen Prozesse nicht in sich selbst verkrümmt, sondern gesamtgesellschaftlich präsent bleibt. Daran mitzugestalten und zu arbeiten ist ein wesentlicher Grund, warum ich gern und leidenschaftlich Pfarrerin bin.

DIE AUTORINNEN UND AUTOREN

Theresa Brückner
Evangelische Kirche Berlin-Brandenburg-schlesische Oberlausitz
Jahrgang 1986. Pfarrerin für »Kirche im digitalen Raum« im Evangelischen Kirchenkreis Tempelhof-Schöneberg.

Dr. Charlotte Eisenberg
Evangelische Kirche in Hessen und Nassau
Pfarrerin der Ev. Gemeinde Frankfurt-Sossenheim
Jahrgang 1981. Verheiratet, drei Kinder. Promotion zur internationalen Ökumene und engagiert für christliche Friedensarbeit bei EIRENE e.V.

Hans Martin Golz
Evangelische Kirche in Mitteldeutschland
Pfarrer im Pfarrbereich Halle-Süd
Jahrgang 1987. Studium in Leipzig, anschließend Helfer im Verkündigungsdienst im Kirchenkreis Naumburg-Zeitz und Gastvikariat in Markranstädt.

Dr. Emilia Handke
Evangelisch-Lutherische Kirche in Norddeutschland (Nordkirche)
Pastorin in Hamburg und Leiterin des Werks »Kirche im Dialog«
Jahrgang 1986. Studium der Theologie und Philosophie. Dissertation zu kirchlichen Ritualen für Menschen, die nicht religiös sozialisiert worden sind.

Hanna Jacobs
Evangelisch-lutherische Landeskirche Hannovers
Pastorin im Pionierprojekt raumschiff.ruhr in Essen
Jahrgang 1988. Schreibt unter anderem für Christ&Welt in der ZEIT und Christ in der Gegenwart.

Johanna Klee
Evangelisch-lutherische Landeskirche in Braunschweig
Gemeindepfarrerin und Pfarrerin in der Jugendkirche in Braunschweig
Jahrgang 1986. Studium in Berlin und Bern, von Herzen: W@nderin, Wortkünstlerin, Fem(me)inistin.

Helene Lechner
Evangelische Kirche A.B. in Österreich
Pfarrerin in der Evangelischen Pfarrgemeinde A.B. Wien-Liesing
Jahrgang 1984. Studium in Wien und Marburg. Arbeit als Studienassistentin am Institut für AT und biblischen Archäologie in Wien.

Wolfgang Loest
Lippische Landeskirche
Pfarrer in Detmold (50 % als Social Media Pfarrer der Landeskirche und 50 % als Gemeindepfarrer in Detmold-Ost)
Jahrgang 1983. Computer-Freak, steht auf Linux und freie Lizenzen und verbindet mit Leidenschaft Technik mit Theologie.

Dr. Nina-Dorothee Mützlitz
Evangelisch-Lutherische Kirche in Bayern
Pfarrerin der Ev. Gemeinde Herzogenaurach
Jahrgang 1982. Verheiratet, zwei Kinder. Studium in Marburg, Heidelberg und Princenton/USA.

Martin Olejnicki
Evangelische Landeskirche Anhalts
Pfarrer in Köthen (50% Projekt Jugendkirche Pluspunkt und 50 % auf drei Dörfern im Umland)
Jahrgang 1983. Verheiratet, zwei Kinder. Studium in Halle, Leipzig, Rom. Gemeindevikariat und seit 2016 Pfarrer in Köthen und von der Landessynode als Beauftragter für die Digitalisierung in der Landeskirche zuständig.

Dr. Holger Pyka
Evangelische Kirche im Rheinland
Pastor bei Evangelische Kirchengemeinde Uellendahl/Ostersbaum
Jahrgang 1982. Studium in Wuppertal, Göteborg, Lund, Heidelberg, Bochum, Kaiserwerth. Promovierter Karnevalist, Hobby-Cartoonist, Poetry-Slammer, Musiker, Bonuspapa und Teilzeit-Blogger.

Dr. Mandy Rabe
Evangelisch-Lutherische Landeskirche Sachsens
Pfarrerin in Auerbach und Ellefeld
Jahrgang 1985. Nach dem Studium Promotion in Kirchengeschichte. Engagiert für die Zukunft ihrer Landeskirche im Forum für Gemeinschaft und Theologie.

Dr. Benedikt Rogge
Bremische Evangelische Kirche
Pfarrer in Bremen
Jahrgang 1979. Verheiratet, zwei Kinder. Neben dem Pfarramt ist er Psychologe und Soziologe.

Katharina Scholl
Evangelische Landeskirche Kurhessen-Waldeck
Jahrgang 1983. Pfarrerin und Repetentin an der Hessischen Stipendiatenanstalt in Marburg. Diskutiert gern bei Grauburgunder über die Zukunft der Kirche und verliert am laufenden Band ihren Regenschirm.

Dr. Anna Elisabeth Scholz
Evangelische Kirche von Kurhessen-Waldeck
Pfarrerin
Jahrgang 1982. Alleinerziehend, ein Kind. Vor dem Theologiestudium Ausbildung zur Erzieherin. Leidenschaftliche Jägerin.

Nele Schomakers
Evangelisch-Lutherische Kirche in Oldenburg
Pfarrerin der Kirchengemeinde St. Delmenhorst.
Jahrgang 1981. Neben ihrer Arbeit hat sie eine große Leidenschaft für Oldtimer und Star Wars.

Corinna Seeberger
Evangelische Landeskirche in Baden
Pfarrerin der Reformationsgemeinde Hemsbach und Sulzbach
Jahrgang 1983. Nach dem Studium Vikariat in der badischen Landeskirche und seit Langem engagiert beim Netzwerk Emergent Deutschland.

Dominik Storm
Evangelisch- Lutherische Landeskirche Schaumburg- Lippe
Pfarrer der Ev.-Luth. Kirchengemeinde Frille
Jahrgang 1986. Engagiert sich für eine Kirche, die Menschen ermutigt und inspiriert, Gott im Alltag zu vertrauen und auf sein Wirken zu hoffen.

Dr. Markus Totzeck
Evangelische Kirche von Westfalen
Pfarrer in den drei Kirchengemeinden Rhede (Vakanzvertretung), Borken und Gescher-Reken

Jahrgang 1985. Wissenschaftler Mitarbeiter am Lehrstuhl für Praktische Theologie der Ruhr-Universität Bochum.

Johannes de Vries
Evangelisch-reformierte Kirche
Pfarrer der Ev.-reformierten Kirchengemeinde Schüttdorf
Jahrgang 1980. Verheiratet, vier Kinder. Nach Studium und Vikariat hat er einige Jahre in Wuppertal (an der Kirchlichen Hochschule) und Luxemburg (in der reformierten Kirche) gearbeitet.

Dr. Christian Walti
Evangelisch-reformierte Kirche Schweiz
Pfarrer der Evangelischen Kirchengemeinde Frieden Bern
Jahrgang 1982. Studium in Zürich, Heidelberg und Kopenhagen. Nach dem Studium wiss. Assistent in Praktischer Theologie in Bern.

Matthias Weida
Evangelische Landeskirche in Württemberg
Pfarrer in Esslingen
Jahrgang 1985. Neben dem Pfarramt Musiker mit der Band LUX Kollektiv.

Florentine Zimmermann
Evangelische Kirche der Pfalz
Stadtjugendpfarrerin in Ludwigshafen
Jahrgang 1985. Verheiratet, ein Kind. Studium in Marburg, Rom und München. Anschließend Vikariat in Bad Dürkheim.

Bibliografische Information der Deutschen Nationalbibliothek
Die Deutsche Nationalbibliothek verzeichnet diese Publikation in der Deutschen Nationalbibliografie; detaillierte bibliografische Daten sind im Internet über https://portal.dnb.de abrufbar.

Klimaneutral
Druckprodukt
ClimatePartner.com/14044-1912-1001

FSC
www.fsc.org
MIX
Papier aus verantwortungsvollen Quellen
FSC® C083411

Penguin Random House Verlagsgruppe FSC® N001967

1. Auflage

Druck und Bindung: CPI books GmbH, Leck
Printed in Germany
ISBN 978-3-579-07431-3

www.gtvh.de